Reform of China's Investment and Financing System for Transport Infrastructure

交通基础设施投融资体制改革

罗仁坚 等著

人民交通出版社股份有限公司
China Communications Press Co.,Ltd.

内 容 提 要

本书主要是研究如何通过深化交通基础设施投融资体制改革，以保障下一时期的交通投资需求，使交通建设适应国民经济和城镇化发展要求。全书共分七章，重点对现行投融资体制和债务问题、铁路政企分开改革后面临的新形势、未来政府性资金筹集能力和重点投向、吸引社会资本投资的主要方式和所需的投资经营环境建设等进行了研究，提出了改革思路和各种运输方式投融资总体架构以及近期改革重点，包括实施分类投资制度，从“政府全面主导”向“政府引导，分类投资，经营性项目全面市场化”的方向转变，用优先股方式化解铁路高负债率问题等内容。

本书适合于交通运输行业管理部门、科研单位的工作者以及大学院校教师、学生使用。

图书在版编目(CIP)数据

交通基础设施投融资体制改革/罗仁坚等著. —北京：人民交通出版社股份有限公司，2014.9

ISBN 978-7-114-11727-5

Ⅰ.①交… Ⅱ.①罗… Ⅲ.①交通设施-基础设施建设-投融资体制-体制改革-研究-中国 Ⅳ.①F512.1

中国版本图书馆 CIP 数据核字(2014)第 220275 号

书　　名：**交通基础设施投融资体制改革**
著 作 者：罗仁坚　等
责任编辑：杨　捷
出版发行：人民交通出版社股份有限公司
地　　址：(100011)北京市朝阳区安定门外外馆斜街 3 号
网　　址：http://www.ccpress.com.cn
销售电话：(010)59757973
总 经 销：人民交通出版社股份有限公司发行部
经　　销：各地新华书店
印　　刷：北京市密东印刷有限公司
开　　本：720×960　1/16
印　　张：11
字　　数：170 千
版　　次：2014 年 9 月　第 1 版
印　　次：2014 年 9 月　第 1 次印刷
书　　号：ISBN 978-7-114-11727-5
印　　数：0001—1000 册
定　　价：35.00 元

写作组成员名单

顾 问 指 导：郭小碚

总 编 写 人：罗仁坚　罗诗屹

写作组成员：宿凤鸣　张广厚　樊一江

陆成云　卫晓菁

前　言

自从20世纪80年代公路建设的“贷款修路、收费还贷”模式得到中央政府肯定并形成相关政策后，交通基础设施领域的投融资体制改革不断展开，公路、水运、民航、铁路纷纷扩大市场开放和研究制订相关政策。尽管各种运输方式的管理体制和投融资体制改革的程度不一样，筹集资金的力度不同，但总体上形成了“以政府为主导，吸引社会资本进入，投资主体多元化，筹资渠道多样化，大量利用银行贷款和发行债券”的投融资体制。交通投资额不断快速增长，交通基础设施取得了巨大发展，逐步改变了基础薄弱、能力严重不足、制约国民经济发展的状况。

在各级政府主导推动下，尤其是在2008年世界金融危机爆发后，我国政府以4万亿元的投资保经济增长，其中大部分投入到了交通等基础设施建设领域。在国债、财政资金、银行贷款等各种资金较大规模投入的支持下，交通固定资产投资规模迅速增长。2012年，公路完成投资额1.24万亿元，铁路完成固定资产投资6309.8亿元，交通运输、仓储和邮电业固定资产投资总额达到了30296亿元，占到全社会固定资产投资总额的8.3%。交通建设资金投入的增长远远超出了5~10年前的预期，原有规划的交通建设目标大幅提前完成。由于大规模项目建设集中在较短的时期内实施，造成了债务累积规模迅速膨胀，还贷压力不断增大。由此，引发了对交通发展是否太快、太过超前，债务是否有风险，未来是否可持续，以及政府如何更加关注改善民生问题等的不同看法和争论。

本书是在国家发展和改革委员会宏观经济研究院重点课题“新时期交通基础设施投融资体制改革研究”成果的基础上编写而成，在对我国交通基础设施所处的发展阶段、下一步的发展思想和投资需求、现行投融资体制和债务问题、铁路政企分开改革后面临的新形势、改善民生需求等进行较系统分析的基础上，提出了深化交通基础设施投融资体制改革的必要性、改革的方向和总体思路、各种运输方式的投融资体制架构和建设重点、保障措施等。本书由罗仁坚任编写组组长，参加写作的主要人员有宿凤鸣、张广厚、罗诗屹、樊一江、陆成云、卫晓菁。郭小碚所长在项目研究和书籍编写中给予了很多指导，在此表示衷心感谢。书中不足之处，敬请各位读者批评指正。

罗仁坚

2014 年 02 月

目录<<<

第一章 >>>

总论

内容提要

铁路、公路、水运、机场的投融资体制和市场化程度有着较大的不同，在快速发展中，铁路、公路形成了较高的政府负债和偿债压力。未来完善网络和优化综合运输体系结构还需较大规模的投资，现有投融资模式下的政府筹融资渠道及融资能力难以支撑，同时政府需要加大对公益性交通基础设施的投资比例，因此，必须深化投融资体制改革，实施分类投资，更大程度地吸引社会资本进入，从“政府全面主导”向“政府引导，分类投资，经营性项目全面市场化”的方向转变。铁路要建立线路投资经营与运输服务经营相分离的铁路投融资体系架构，并构建多元化市场主体、自主经营的铁路运输市场体系。要加大吸引社会资本进入的各种投资渠道（或平台）建设和投资产品供给。争取全面建立“政府推进和引导，市场化为导向，投资主体多元化，融资多样化，注重效益，满足各层次交通需求”的交通基础设施可持续发展的投融资体制。

第一节　当前交通基础设施的投融资体制

自从20世纪80年代公路建设的“贷款修路、收费还贷”模式得到中央政府肯定并形成相关政策后，交通基础设施领域的投融资体制改革不断展开，公路、水运、民航、铁路纷纷扩大市场开放和研究制订相关政策，积极吸引外资和社会资本进入,采用银行贷款等债务性融资方式,多渠道筹集建设资金,有效地促进了各种运输方式投资增长,加快了建设发展步伐。尽管各种运输方式的管理体制和投融资体制改革的深度不一样,筹集资金的力度不同,但总体投资额都不断快速增长,远远高于国民经济增长速度,使交通基础设施逐步改变了基础薄弱、能力严重不足、制约国民经济发展的状况。

(一)铁路投融资体制

我国铁路基本上是线路建设投资与运输经营"上下合一"(即网运一体)的体制和模式,投资铁路基础设施建设的同时要进行客货运输经营,通过运输经营获取以清算方式结算的票款收入以及其他收入,"网运分离"的模式和投融资体制还未形成。

目前铁路项目基本上都是以合资的模式建设,由中国铁路总公司(原铁道部,下文简称中铁总公司)与沿线各省以及战略投资者等按一定的资本金出资比例组建项目合资公司,由项目合资公司作为业主进行建设。国家干线铁路项目,一般是铁道部绝对控股,沿线地方省级政府主要是以征地拆迁费计入股份的方式参与投资,同时吸引社会资本投资;非国家干线的城际铁路以及区域性铁路项目,一般是中铁总公司控股,地方除了以征地拆迁费用入股外,还要投入一定的资金,并积极吸引社会资本进入。除了资本金以外,项目建设的银行贷款主要是由中铁总公司以"统借统还"形式向银行借贷。

项目建成后,基本上都是委托所在的铁路局运营,即项目线路公司以委托的方式委托铁路局经营,向铁路局支付委托经营费,铁路局对委托范围内的事务和安全责任负责。项目线路公司不是真正意义上的铁路运输主体,没有实际经营权,更像是一个线路资产管理公司或财务单位。

由于铁路体制改革未到位,尚未建立适合社会投资者进入的公平竞争的市场制度和运营环境以及价格机制,除了战略投资者以及部分社保基金和保险基金以外,以获取投资收益为目的主动参与铁路项目的社会投资者很少。

(二)公路投融资体制

我国公路分为非收费公路和收费公路两类。收费公路主要是依据"贷款修路,收费还贷"政策建设的高等级公路,以高速公路为主体,还包括一级公路以及尚未取消收费的二级公路(大部分省已按政策要求取消了政府还贷型二级公路收费,还有部分省尚未取消)。

收费公路分政府还贷公路和经营性公路两种。政府还贷公路是县级以上地方人民政府交通主管部门利用贷款或者向企业、个人有偿集资建设的公路;经营性公路是国内外经济组织投资建设或者依照公路法的规定受让政府还贷公路收费权的公路。

收费公路建设投资主体。各省高速公路(包括国高和省高)的建设基本上都是以省级人民政府交通主管部门负责推动和主导,沿线地市及县级政府配合以及参与投资。除了政府投资以外,还采取了政府与社会资本联合投资、收费经营权转让、发行股票上市、BOT、BOT+EPC、政府对项目投资补助、BT等各种方式吸引社会资本投资。在项目建设的具体投资模式以及筹集建设资金方面,对国家政策的利用可以说达到了较为极致的水平。

非收费公路建设投资主体。省级人民政府交通主管部门和各级地方政府是非收费公路的建设投资责任主体,建设资金主要来源于财政资金(包括中央预算内资金、中央国债、地方预算内资金、地方转贷)、公路专项资金(包括车购税,以及燃油税返还被挤用于公路建设的资金)、地方政府自筹的其他资金等非偿还性的资金。有些项目也使用部分银行贷款,地方政府通过其他收入还款。

(三)港口和航道投融资体制

我国港口实施属地化管理,即港口由所在城市政府管理,实行政企分开,形成了“一城一港一政”的港口管理体制。港口管理局为行政管理机构(有的市是在市交通委员会或市交通运输局设立港口管理的相关处室)。港口集团公司或港务(集团)有限公司为企业,负责对港口实行经营,是自主经营、自负盈亏的市场主体。

港口建设投资主体。我国港口的投资、运营由企业按照市场机制运作。政府负责市场监管,并对主要港口的公共基础设施(如航道、航标、防波堤、锚地等)建设提供支持。码头泊位、装卸设备、仓储设施等港口生产经营性基础设施,主要是以企业投资的方式进行建设和经营。目前,港口建设投资已形成了主体多元化的投融资格局,外商可以合资、合作、独资等方式投资建设和经营港口码头。营口港、南京港等实现了发行股票上市,从资本市场直接筹资。但是,在实际中,对于港口的建设发展,政府扮演着非常重要的角色。各港口之间的快速发展竞争,实际上是地方政府间的竞争,只不过是以企业投资的形式出现。

(四)机场投融资体制

我国机场实行属地化管理,除了北京首都国际机场、西藏自治区内的民用机场仍由民航总局管理以外,其他机场都由省(自治区、直辖市)管理。地方政府是机场建设、投资和管理的责任主体。民航总局实行行业管理,承担对行业发展实行宏观调控的政府职责。

民用运输机场是自然垄断部门,《国内投资民用航空业规定(试行)》(CCAR—209)鼓励各国内投资主体多元投资,非国有投资主体可以参股,但是各省(自治区、直辖市)政府所在地机场以及深圳、厦门、大连、桂林、汕头、青岛、珠海、温州、宁波等九个城市的民用运输机场应当保持国有或者国有控股。

机场属地化改革后,地方政府对机场的投资力度加大,提供的优惠政策增多,并积极将机场推向市场,向社会和资本市场筹资。各路资本也纷纷进入,外资、内资企业投资机场的项目和资金不断增多。国内、国外机场集团纷纷采取投资和收购机场股权、托管等方式进行机场间的合作与运营管理。航空公司也参与机场的投资和股权收购。

目前,机场建设的资本金来源主要是中央投资(民航发展基金和国债)、地方政府投资、机场企业自筹。枢纽和干线机场大体的投资结构(不同机场有较大差别):资本金占50%左右,其中,地方政府投资、中央补助资金、机场企业自筹约各占1/3;债务融资占50%左右,机场企业为融资主体。支线机场实行100%的全额资本金覆盖。

第二节　当前交通投融资体制存在的问题

(一)交通投资规模迅速膨胀,中长期规划项目大幅提前建成

交通基础设施建设对改善地方交通条件和投资环境、提升发展能力、拉动地方

GDP 增长、彰显领导者政绩具有显著作用,地方政府对加快交通建设热情高涨。在各级政府主导推动下,交通基础设施投资规模迅速增长。公路投资自 1997 年以来持续快速增长,1996 年为 668.7 亿元,2012 年达到了 1.24 万亿元;铁路固定资产投资从 2005 年开始大幅增长,2004 年为 901.4 亿元,2010 年达到了 8426.1 亿元,2012 年完成了 6300 亿元。根据国家统计局公布的数据,2012 年交通运输、仓储和邮电业固定资产投资总额达到了 30296 亿元,占到全社会固定资产投资总额的 8.3%。

交通建设资金投入的增长远远超出了 5~10 年前的预期,原有规划的交通建设目标被大幅提前完成。2004 年批准的国家高速公路网规划目标将提前 15 年实现,预计"十二五"期末国家高速公路"7918"网将基本建成;2004 年批准、2008 年调整增加后的国家铁路网规划目标也将提前 5 年左右完成,预计"十二五"末将基本建成"四纵四横"客运专线,铁路总里程将达 12 万公里以上。

(二)交通债务规模不断上升,高额债务对政府构成较大偿债压力和一定的债务风险

由于交通基础设施的投资建设是以政府为主导,除了港口、收益较好的部分高速公路项目采取市场化方式吸引社会资本投资以外,其他项目都需要以政府为主进行投资建设或由政府提供其他支持条件(如一些高速公路项目采取投资补助、土地转让和开发等)吸引社会资本进行投资经营。政府资金除一部分交通专项资金和少量财政预算内资金用于交通项目资本金以外,基本上都是采取银行贷款和发行债券的方式筹集建设资金。随着每年大规模的项目开工,政府性交通债务累积规模不断增大,资产负债率快速上升,高债务规模、高负债率形成了较大的偿债压力和一定的债务风险。尤其是在大量经济效益较好的骨干项目建成后,余下的其他新项目的投资边际效益递减,收入和盈利能力降低,依靠项目本身短期内的现金流和利润偿还债务越来越困难。

1.铁路

根据国家审计署 2013 年底公布的《全国政府性债务审计结果》,截至 2013 年 6 月底,中铁总公司汇总财务报表资产总额为 46631.59 亿元,负债总额 29182.15 亿元。中铁总公司通过发行政府支持债券或以铁路建设基金提供担保等方式举借

22949.72 亿元,用于铁路项目建设。如果中铁总公司出现偿债困难,政府可能承担一定的救助责任。

根据中铁总公司测算,2013 年付息额高达 1300 亿元铁路经营刚实现盈亏平衡,随着原有建设项目进入还本期,还本资金需求也将逐年增加。虽然从目前铁路的经营和下一步的运价调整来看,在国家对铁路公益性运输实施补贴以及相关部门的统筹协调的支持下,还不会出现偿债问题,但债务压力巨大,有一定的风险性。

2.公路

根据交通运输部等五部门联合下发的《关于开展收费公路专项清理工作的通知》,经统计汇总,截至 2010 年底,全国收费公路债务余额为 2.29 万亿元,其中银行贷款余额达 2.07 万亿元,占 90.4%,债券、有偿集资等共 0.22 万亿元,总体资产负债率为 64%。根据 2011 年和 2012 年新建成的收费公路以及既有收费公路的债务偿还估算,目前全国收费公路的债务余额超过 3 万亿元(国家相关部门未进行新的统计和公布新的数据)。

在 2010 年的收费公路债务余额中,政府还贷公路债务余额为 1.18 万亿元,占 51.7%;经营性公路债务余额为 1.1 万亿元,占 48.3%。

根据国家审计署 2013 年底公布的《全国政府性债务审计结果》,至 2013 年 6 月底,地方政府性债务余额支出投向中,政府负有偿债责任的交通运输设施建设债务为 13943.06 亿元,政府负有担保责任的债务 13188.99 亿元,政府可能承担一定救助责任的债务 13795.32 亿元。

根据对部分省(自治区、直辖市)的高速公路经营状况调研显示,以往建成的高速公路经营效果较好,具有较强的还本付息能力;新建高速公路大部分项目经营状况不及预期,在建成通车后四五年内通行费收入不能完全覆盖经营成本、养护维修、还本付息的资金需求,需要统筹新老项目的通行费收入用于还贷,或采取贷新还旧的办法。部分省(自治区、直辖市)由于新建高速公路项目较多、较集中,而且建造成本上升较多,交通量和通行费收入不及预期,偿债压力加大。如云南省通行费收入扣除公路管费支出后远不足以支付贷款利息,2012 年不得不提高通行费收费标准。

3.港口

港口基本上都是以经营性项目进行投资建设,由企业(代表政府进行投资的港务集团公司也是企业性质)以独资、联合投资、股份制等形式进行投资经营,项目融资主体是企业。因此,港口项目投资建设一般不直接构成政府债务。

4.机场

我国机场投资规模与公路、铁路相比所占比例较小。在机场项目建设中,虽然政府是推动的主体,但是枢纽机场和干线机场是以经营性项目和公司制、股份制的方式进行投资建设,以公司作为向银行借款的主体,除了民航发展基金和地方政府投入的资金以外,其他的都是以机场公司或机场集团公司自筹的方式解决,因此不直接构成政府债务。支线机场建设,现在已要求采取100%的资本金。因此,除了一些通过平台间接、隐性借入资金作为政府出资的资本金以外,一般不直接形成政府债务。

第三节　深化交通基础设施投融资体制改革的必要性

(一)当前我国交通基础设施所处的发展阶段

交通基础设施的建设发展一般可以分基本线路连通覆盖、网络初步形成与加快发展、网络提升与完善、成熟稳定四个发展阶段。

当前,我国交通基础设施正处于网络提升与完善的第三发展阶段,是交通建设发展从被动适应转向适度超前发展、提高交通基础设施层次和现代化水平的重要阶段。在这一阶段,一方面是重点发展高技术等级、快速、大能力的骨干网络,另一方面是加密和改善基本网络、提升整体水平和普遍服务水平。这一时期的交通发展,关系到未来长时期的交通网络形态和结构层次水平,以及总体交通能力、速度、效率和多样化的供给组合。一大批重大交通基础设施项目都要按照未来网络需求进行布局和按照永久性的标准需要进行规划建设,具有项目工程规模大、技术等级高、投资需求大的特点。同时,需要对既有基础设施网络系统进行大的改造大升级,总投资需求巨大。对于时间进程的要求,是既迫切又具有弹性。在此阶段完成后,总体网络将趋于完善并进入成熟稳定发展阶段,届时建设发展的强度和投资需求将大大减小,任务重点将主要是对既有设施网络的养护与维修,保障正常运行。

(二)经济社会快速发展对交通基础设施建设发展的要求

1.经济发展和运输需求增长对增加交通基础设施运输能力供给的要求

交通运输是经济发展和人们生活的基础性服务产业,经济社会发展以及人们生活质量的提高需要有交通便捷、运输能力相对宽松的交通网络作为支撑。虽然当前交通条件有了很大改善,但是地区间发展很不平衡,运力供给区域性结构矛盾比较突出,运输能力对需求的适应刚性强、富余弹性小,网络规模和能力还不能适应未来客货运输需求较大规模增长的要求,也不能满足人们对交通运输快速、便捷、舒适、多层次、多样化的要求。

党的十八大提出,确保到2020年全面建成小康社会;在转变经济发展方式取得重大进展,在发展平衡性、协调性、可持续性明显增强的基础上,实现国内生产总值和城乡居民人均收入比2010年翻一番。也就是说,到2020年的经济增长率平均会在7.2%以上,一般预测会在7.5%左右。许多专家预测,2025—2030年我国经济总量将超过美国,成为世界第一大经济体,进入中上收入发达国家水平,城镇化率达到70%左右。经济总量和发展水平以及城镇化水平的大幅提高,将带动交通运输需求的继续增长。尤其是城市交通需求、城际交通运输需求、区域间干线交通运输将会呈快速增长趋势,不仅需要有更大规模的交通运输保障能力,而且要求有更加安全、快速、便捷、舒适的服务品质。

2.城镇化和城市群的快速发展对交通基础设施建设先行的要求

2012年,我国以常住人口计算的城镇化率已达52.57%,比2011年提高1.3个百分点,当前和未来十几、二十年将是我国城镇化的快速发展期。到2020年,我国城镇化率将达到60%左右。到2040年,我国城镇化水平将达到70%~75%,按届时全国预计总人口14.7亿计算,我国城镇人口将超过10亿人。

2013年12月在京召开的中央城镇化工作会议讨论了国家发展和改革委员会(以下简称国家发展改革委)同相关部门编制的《国家新型城镇化规划》,有关部门根据会议讨论情况做出修改,预计将在2014年上半年颁布。新型城镇化建设将坚持以人口城镇化为核心,以城市群为主体形态,以综合承载能力为支撑,全面提升城镇化质量和水平。

高效便捷的交通基础设施网络和交通运输服务是城市布局形态优化、城市群发展的基础支撑和先导性设施,构建适应城市群发展和城际交通要求的以城际轨道交通和高速公路为骨干、以国省干线公路为补充的城市群内多层次城际快速交通网络是下一个五年的建设发展重点。同时,城市轨道交通、市域(郊)铁路也是支撑城镇化发展的重要内容。因此,适应新型城镇化建设发展对交通基础设施的建设需求是下一时期交通发展的主要任务。

(三)下一时期的交通基础设施建设投资需求

1.我国交通基础设施建设发展所要达到的目的

(1)能够较长期有效满足不断增长的交通运输需求;

(2)较大力度地增强对经济社会和城镇化发展的支撑与引领;

(3)构建布局完善的交通基础设施网络,促进区域协调发展和国土开发;

(4)构建和强化现代化快速交通骨干网络,提升交通以及社会运行效率与效果;

(5)支持强国发展战略和提升国际竞争力。

2.下一时期交通基础设施建设发展的指导思想

总的指导思想是:在已取得基本适应经济社会发展的巨大阶段性成果的基础上,为了使交通基础设施为经济和城镇化发展创造更利的发展条件,以及满足人们不断提高的质量要求,还必须较大力度地对交通基础设施持续建设一段时期,使整体网络趋于布局完善、结构合理、能力较为充足、运行安全快捷、系统经济高效。具体体现为:

(1)贯彻适度超前,发挥交通基础设施的先导性作用;

(2)继续利用已形成的较好发展势头,完善和提升网络,减少未来的建设成本;

(3)加快改善中西部交通基础条件,促进区域协调发展与公平;

(4)发挥对经济"短期稳增长、中长期促增长"的投资拉动作用。

3.下一时期的交通投资需求

根据当前的交通发展基础和全国以及各省(自治区、直辖市)的交通网发展规划,综合经济社会发展对交通网络发展的要求、交通运输需求增长趋势、交通发展战略以及建设资金的可能支持力度等因素,未来的各种运输方式交通基础设施发展需要达到或可能达到的规模水平见表 1-1。

2015 年、2020 年、2025 年各类交通基础设施的规模水平 表 1-1

运输方式		计量单位	2015 年	2020 年	2025 年
铁路	总里程	万 km	约 12	14.5	16.0
	快速铁路网里程	万 km	4.5 以上	6.0	约 7.0
	复线率	%	50	60 以上	约 70
公路	总里程	万 km	450	480~490	约 510
	高速公路里程	万 km	12.0	14.0~14.2	15.5~15.8
	二级及以上公路	万 km	65	80~85	98
水运	沿海港口深水泊位	个	2214	2460~2500	2650~2700
	内河高等级航道	万 km	1.3	1.5	1.65
民航	运输机场	个	230	300	330-350
	通用机场	个	90~100	150~200	300~400
输油(气)管道里程		万 km	15	20	23~25
城市轨道交通运营里程		万 km	3000	6000 以上	10000 以上

注:城市轨道交通运营里程包括城市交通体系的市域铁路。

根据各类交通基础设施目前的建造成本,经测算,"十三五"期的交通投资需求总规模约为 10.6 万亿~12.48 万亿元,与"十二五"期预计完成投资额相当;"十四五"期的交通投资需求总规模约为 9.25 万亿~11.22 万亿元,比"十三五"期约减少 10.1%~12.7%(见表 1-2)。

"十三五"期、"十四五"期交通基础设施建设总投资需求 表 1-2

序号	运输方式	单位	"十二五"期预计完成	"十三五"期投资需求	"十四五"期投资需求
1	公路	万亿元	6.5	5.0~6.0	4.0~5.0
2	水路	万亿元	0.68	0.5~0.6	0.45~0.5
3	铁路	万亿元	2.5	2.5~3.0	2.0~2.5
4	民航	万亿元	0.4	0.4~0.48	0.4~0.52
5	管道	万亿元	0.4	0.4	0.4
6	城市轨道	万亿元	1.3	1.8~2.0	2.0~2.3
	合计	万亿元	11.78	10.6~12.48	9.25~11.22

注:以 2013 年价格为基准,未考虑价格上涨因素。城市轨道包括了城市交通体系的市域铁路投资。

(四)既有的政府性资金筹资渠道无法支撑现行投融资体制的高位投资需求,必须进行投融资体制改革

根据前面测算,“十二五”期交通基础设施投资需求高达 11.78 万亿元,“十三五”期、“十四五”期的投资需求也在 10 万亿~12 万亿元。表面上看,“十三五”期和“十四五”期总投资需求没有增加,但是,如果投融资体制不改革,还按原来的模式,由于新建项目投资效益的递减以及公益性项目的投资规模增大,政府所需要承担的资本金或投入的资金比例将比“十一五”期以及“十二五”期大幅提高。非收费公路等公益性项目需要政府全投资,不能从银行贷款,没有杠杆放大作用,政府同样规模的资金所能带动的总投资规模将减小。同时,随着政府性交通债务的累积,筹集的交通专项资金中有相当一部分要用于还本付息,能够投资到项目基建的资金也将减少。

中央政府用于投资(或补助)交通基础设施投资的资金主要来自于征收的各种交通建设基金以及发行的建设债券等,中央财政预算内资金所占比例很小。地方政府投资的资金除少部分来自预算内资金和企事业单位自筹资金以外,很大部分要依靠土地出让或联合开发的方式进行筹集。从当前和下一个阶段看,中央政府征收的各种交通建设基金的年收入规模还会继续随着完成的汽车销售量、铁路运输量等的增长而增长,但增长速度将大大趋缓,与需求形成较大差距。同样,地方政府在利用既有政策筹集交通建设资金方面也已基本发挥到极致,所能出让的土地也越来越少,虽然地方财政可能会增加一定的交通投资,但总体数额有限。因此,要完成“十二五”后期、“十三五”期、“十四五”期的交通建设目标和保持所需要的投资规模,必须进行交通投融资体制改革。

(五)已形成的高额债务、高负债率制约了继续获得大规模债务融资支撑交通发展

尽管交通项目向社会开放,吸引社会资本投资建设和运营,形成了投资主体多元化、筹资渠道多样化的格局,但大多数还是由政府推动,以政府为主导、吸引社会资本参与的方式。政府资金除了一部分交通专项资金和少量财政预算内资金用于交通项目资本金以外,基本上都是采取银行贷款和发行债券的方式筹集建设资金。

随着交通项目集中建设和借贷规模的快速扩张，形成了中铁总公司、地方政府交通方面的高额债务和较高的资产负债率，造成了付息还本的偿债压力，压缩了继续大规模借款的空间。银行出于风险控制考虑，将会降低政府、企业的贷款授信额度和项目投资的贷款比例。因此，既有的以政府为主导投资的交通基础设施投融资模式面临着筹融资能力下降的严重问题。要继续保持交通基础设施的高位投资水平，完成“十二五”期后两年和“十三五”期的建设任务，必须在投融资体制上有较大突破。

此外，地方政府投资公路、机场以及铁路项目的资金，有相当一部分是通过地方政府融资平台借入的。其中，一部分是以收费公路的通行费收入作为还款来源，一些是以土地等资产质押进行融资的，还有一些是以未来财政交通专项资金作为还款资金的。随着对地方融资平台的清理规范和国家加强对地方政府性债务的管理，以及银行对地方政府及其融资平台信贷投放的从紧等，地方政府很难再采取融资平台的方式融入交通建设资金。同时，经济增速放缓，地方财政税收和土地出让收入低于预期，也限制了地方政府的举债规模。

因此，尽管地方政府对交通项目在“十二五”期和“十三五”期的建设需求还在加大，希望尽快建成完善的交通网络，并通过增加交通投资增长带动总投资规模增长，但资金来源是个大问题。

（六）以中铁总公司为主导承担国家铁路建设的投融资体制面临着驱动力下降的问题

在2013年铁路政企分开的改革中，中铁总公司全面继承了原铁道部投资、建设、运营、偿还债务的所有职能，负责拟订铁路投资建设计划，提出国家铁路网建设和筹资方案建议，负责建设项目前期工作，管理建设项目。铁路投资建设的职能由企业性质的中铁总公司负责，中铁总公司将会更多地从企业自身利益的角度选择和安排项目建设，原有的投资建设模式、部省合资模式、筹资模式、发展速度等都将面临新的变化。由于铁路建设基金、铁路建设债券、国家投资铁路的财政预算内资金都是由中铁总公司负责计划使用和管理，交通运输部虽负责拟订铁路发展规划和政策，但没有执行手段，无法对国务院直接管理的企业提项目建设要求和进行指导。在目前的这种职能分工格局下，下一步的铁路规划、建设、投融资、运营等方面都会遇到新问题，需要进一步改革，科学合理地理顺和明确相关关系和责任主体，才能有效推进铁路建设与运营健康持续发展。

随着政企分开改革，中铁总公司已不再像原铁道部那样包揽所有铁路建设责任，主要服务于地方经济的城际铁路、市域（郊）铁路、支线铁路、资源开发性铁路的投资建设权已加快下放到地方，由地方政府为主进行投资建设，中铁总公司将不再控股，甚至不参股，只进行业务技术指导。这些铁路的经营权也已明确下放，中铁总公司也不再承担这些新建项目的运营责任。由此，地方政府将面临新项目建设的筹融资压力和承担项目经营亏损的财政补贴压力。而且，在这些项目与国家铁路网接轨、共享既有铁路资源和开展网络化运营方面将会遇到很多的问题和难度，需要国家层面的相关协调和指导。当然，这样的改革也会促使地方政府更多地考虑项目的经济效益，从财力的角度安排项目建设，以及组建地方铁路局（公司），形成更多市场经营主体，促进市场制度改革和市场化竞争的逐步开展。

（七）为适应改善民生要求，需要调整政府与市场在交通建设项目上的分工，加大政府对公益性交通基础设施的投入

1.加大公益性项目投入需要建立相应的制度和政府性资金来源渠道

改善民生是基本国策和政府的执政理念，交通网络布局和交通基础设施的投融资体制直接关系到人们的生产生活和交通运输的各种成本，关系到地区的发展和基本公共服务的提供，甚至全面建设小康社会的问题。

以往交通运输紧张，政府资金和市场资金主要投向交通运输需求量大、直接投资效益好、收费的项目上，以实现政府资金的滚动发展。而公益性较强的项目和非收费交通项目的投资比例较低，发展严重不足，导致交通网络结构层次不合理、落后地区交通覆盖率低等诸多问题。要解决越来越受重视的民生问题，需要通过投融资体制的改革，加快促进政府交通投资的重点和投资比例的调整，可以收费和盈利的项目尽可能让社会资本进行投资，政府要逐步降低投资比例和退出此类项目的投资，政府性资金重点用于投资建设非收费和公益性强的项目。

对于政府来说，将面临政府性资金有限的问题，即如何才能做到更加体现民生要求，加大对公益性项目的投资，又不影响骨干项目（一般为可收费或经营性项

目)的推进。在现有的交通专项资金和财政预算内交通资金的规模一定的情况下，虽然通过调整资金投向和各类交通项目的投资比例，可以增加公益性项目的投资规模，但与需求相比仍有较大差距。此外，政府想尽快推进建设的一些可以收费类的项目(如高速公路、铁路、机场等)，由于项目的财务投资效益不足以吸引社会资本进行投资，无法完全推向市场，还必须由政府进行部分投资，或为社会资本提供项目投资补助以及开发性土地等才有可能实施。也就是说，政府有限的资金投入需要在这些项目与公益性项目之间寻找平衡。如果没有相应的制度约束，政府一般会更倾向于投资影响作用更大、效益好、见效快的项目，而延迟一般性和投资直接效益差的项目的建设。因此，政府与市场的划分，不像理论上说得那么简单。政府需要有相应的配套措施和制度约束，同时要有相应的资金来源，才能切实加大公益性项目的投入。

2.解决市场化与改善民生问题需要建立项目分类投资与经营制度

许多专家认为，对于交通发展和交通基础设施建设，要改变政府为主导的投资建设模式，更大程度地以市场化的方式进行投资建设。而要市场化，就需要项目有收入、能盈利，才会有社会投资者进入。如果项目不收费、没有收入现金流，不仅社会投资者不会进入，银行也不会贷款，只能完全由政府投资。因此，市场化与改善民生既是一致的，又有相互矛盾的地方。通过市场化可以加快交通基础设施的改善和提高发展水平，促进经济社会发展，使老百姓从中受益。但是，市场化方式建设交通项目，老百姓需要支付更高的交通费用。因此，对于交通基础设施来说，需要明确哪些是满足基本服务的公益类项目，哪些是可以作为选择性消费的经营类项目，并通过相应的制度进行分类投资建设和供给。高速公路、高速铁路应界定为可选择性的准公共产品，不属于公益性，按准公共产品的价格付费使用不仅有利于资源节约，而且也更具公平性。

对于公路来说，高速公路收费是实施市场化建设的前提，否则，不可能有社会资本投资经营，市场化就成为一句空话。

对于铁路来说，推进市场化，需要解决项目营利性不强的问题。要对运输价格管理体制和形成机制以及铁路运营体制进行改革，使投资能够有比较明确的盈利预期，才有可能较大规模地吸引社会资本投资。

(八)需要通过投融资体制改革和相应的制度建设抑制地方政府对交通投资的过度超前

交通投资对地方经济、政府政绩的作用,刺激了地方政府想方设法扩大建设规模、增加投资的冲动,而且形成各地相互攀比,致使交通基础设施建设投资规模不断扩大。

以上问题的转变需要通过投融资体制的改革,促使地方政府更加考虑财政(包括出让土地)承担能力,更加注重项目的经济效益。同时,要完善考核制度,发挥制度的作用,减少地方政府领导过分看重 GDP 增长和大规模投资的冲动。

第四节　交通基础设施投融资体制改革的总体方向和要求

(一)改革的总体方向

根据交通基础设施的基础性和公共物品属性,以及不同层级交通基础设施公共属性的强弱,充分发挥政府和市场各自的侧重作用以及互补性,提高资源配置与资金使用效率。科学界定政府投资的范围和资金重点投向,合理划分中央政府与地方政府对不同类型项目的投资事权;扩大市场化投资领域和范围,营造有利于社会资本进入的市场和政策环境,保护投资者合法权益,积极吸引社会资本更大规模地投资交通基础设施建设;保障合理发展速度和对交通建设资金的需求,加大对城际交通建设支持力度,适应新型城镇化发展要求;加大路网整体构建和各层级路网的合理发展,促进普遍服务的一般路网与骨干作用的高等级路网的协同发展,满足大众化需求与促进集约化。全面建立"政府推进和引导,市场化为导向,投资主体多元化,融资多样化,注重效益,满足各层次交通需求"的交通基础设施可持续发展的投融资体制。

(二)改革的基本要求

1.方案和措施要符合长远改革总体设计要求

交通基础设施投融资体制机制改革和创新要符合建立完善的社会主义市场经济投融资体制的长远改革总体设计要求,有利于未来的进一步深化改革。根据国家投融资体制改革的发展方向和交通基础设施投资建设与运营的具体特征，加大交通基础设施投融资体制机制创新，并不断加以完善。

2.立足实际和资金筹集能力，保障交通建设投资的平稳发展

现有的投融资体制和筹资渠道是随着经济体制改革、交通运输发展不断探索实践逐步发展形成的，对促进交通建设发挥了很大作用，但也逐步遇到发展瓶颈，交通建设资金需求规模大，而政府性交通资金不足、债务负担重、融资能力下降等问题突出。要根据交通发展和国家财税体制改革的大方向，立足于当前的实际要求和可实现性，研究资金来源和筹集能力，保障合理投资规模和交通建设平稳发展。

3.构建分类投资体系，充分发挥政府与市场的作用

根据交通规划项目的路网功能和管理部门，明确中央和地方的建设责任主体，合理划分投资事权；根据交通项目公共属性的强弱，实行公益性、准公益性、经营性的分类投资方式，合理界定政府投资范围，扩大市场开放，创造条件，鼓励和吸引社会资本进入；构建充分调动各级政府积极性、投资主体多元化的投资体系，在政府主导的模式下，尽可能地增大社会投资比例。

4.加强市场化运作，提高政府资金的作用和投资效益

加大政府投资项目的市场机制引入，对于具有一定投资回报能力的准公益性项目，积极采取特许经营、投资补助、税费优惠或减免等方式，吸引社会资本投资建设，发挥政府资金的引导作用和投资效率。对于政府投资的公益性项目，严格实行公开的招投标制度以及“代建制”，保证项目质量和节约投资。

5.维护公平竞争，保护投资者合法权益

制度和措施要有利于各类投资者平等进入、公平竞争，有利于投资者维护自身的合法权益，以及不损害公众利益。

第五节　深化交通基础设施投融资体制改革的总体思路

（一）总体思路

全面贯彻落实党的十八大精神，以邓小平理论、“三个代表”重要思想、科学发展观为指导，坚持以转变发展方式为主线，根据交通基础设施的属性和发展规律，统筹政府与市场、公益性服务与经营性服务、当前与长远的发展关系；实施项目分类投资制度和各级政府分级负责投资建设制度；进一步推进交通基础设施投资建设和运营市场化，放宽和有效落实市场准入政策，加大各类项目市场化运作。明确政府职能，合理界定政府投资范围，实现政府由全面投资向重点投资、引导性投资、公益性项目投资的战略转变；建立健全市场价格机制和监管体系，建立公益性项目投资与运营补偿制度，创造条件，吸引社会资金、民间资本更大规模地投资交通基础设施建设；增加政府财政投入，按照用好增量、盘活存量的原则，进一步拓宽筹融资渠道，加大创新。

（二）主要路径

1.建立“政府科学规划、适度超前、积极量力推进”的项目建设宏观管理制度

以往编制了很多交通规划，由于交通发展变化很快，调整大、周期短，以致缺乏约束力。要使交通基础设施保持合理的发展速度和建设规模，必须要有科学的规划作基础和依据。一方面要提高交通规划的编制水平，加强交通发展战略研究和总体架构设计以及不同方案的论证比较；另一方面，要加强规划的约束力，经过政府批准通过的规划要具有法律效力，是项目建设的依据，不得随意调整修改。交通网发展规划的编制要按网络功能层次和事权进行划分。国家交通主管部门负责全国性的干线网络规划，省级交通主管部门负责本区域的交通网络规划。

规划项目的推进建设，要按照适度超前的原则进行合理安排。在目前已基本适应国民经济发展水平的情况下，要综合交通需求增长、项目投资的经济效益和社会效益、资金供给等因素，在中长规划周期内进行建设项目的合理统筹安排，方案既要积极，又不会造成资金供给紧张或代价太大，一些项目过早建设，政府需要对社会投资者提供更高额的补偿，或造成运输能力过多闲置浪费等情况，避免规划项目大规模提前集中建设。

2.建立和实施分类投资制度和公益性项目投资与运营补偿制度

交通基础设施具有公共服务和公共产品的属性特征，但公共属性的强弱、可经营的条件、经营的预期收入水平不同，因此应根据交通基础设施项目在路网中的功能和服务性质、可经营条件和盈利预期，将其分类为公益性、准公益性、经营性项目三类。

对于公益性、准公益性、经营性等不同类型项目采取不同的供给方式，分别由政府直接提供（免费或以准公共产品经营方式）、政府和企业合作以准公共产品经营方式提供、政府授权或委托企业以准公共产品经营方式提供。对于非基本交通服务的不同层次的交通需求，可以采取准公共产品优质优价的收费标准，以收回全部成本或部分投资成本的方式实现滚动发展。

对于准公益性、公益性项目，政府要建立投资和运营补偿制度，鼓励和吸引社会投资者进行投资、提供服务，以克服政府投资资金不足的问题，加快交通网络建设和落后地区交通发展。

3.切实转变政府职能，推进政府由全面主导向“政府引导，分类投资，经营性项目全面市场化”的方向转变

下一步改革的方向和重点应该是按照政府与市场的职能分工，进一步加大以市场化为导向的改革，充分发挥市场配置资源的决定性作用，吸引社会资金更大规模地进入交通基础设施投资，从“政府全面主导”向“政府引导，分类投资，经营性项目全面市场化”的方向转变。要改变政府全面主导的局面，就必须根据政府经济性公共服务职能（提供公共产品和公共服务，维护市场秩序、确保公平竞争，实施宏观经济调节，支持社会保障制度，提供一般福利设施等）合理界定和严格明确政府的投资范围和重点，把能够由社会投资建设或创造一定条件能够吸引社会投资建设的项目，尽可能地利用和鼓励社会资金投资建设。对于这类项目，政府不要与之争抢。政府投资主要用于需要政府控股的重大干线项目、需要政府进行投资引导（社会资本参与投资）的项目、市场不能有效配置资源的公益性项目。

要从制度上做到有效缩小政府直接投资的范围和改革政府全面主导的投资建设模式，真正为社会资本进入腾出空间，减少政府主导投资对社会资本的挤出效应。非必须政府控股的项目、经营性项目、可经营的准公益性项目，要优先吸引社会投资主体进行投资建设；必须政府控股的项目，也要尽可能地鼓励和吸引社会资本参与投资。

要合理界定和划分中央政府与地方政府的投资事权。结合交通管理体制和规划体系，以及各种运输方式建设基金的征收与使用管理办法，中央政府的主要投资职责是：国家规划中的国家干线项目建设以及（国债和专项资金）补助农村和落后地区交通基础设施建设;国家干线铁路项目由中央政府出资人代表出资投资建设,地方政府配合和参与投资;国家公路、机场、重要港口和内河航道由属地省级政府负责投资建设,中央政府提供专项资金投资补助。省级政府主要投资建设职责是:负责本级政府规划的交通项目的投资建设,负责本区域列入国家规划的国家公路、机场、重要港口和内河航道的建设;参与本区域国家干线铁路项目的投资建设,负责本区域列入国家规划的主要为地方经济服务的城际铁路、支线铁路的投资建设,负责支持和补助农村交通基础设施建设。

4.加大基础性制度和运营环境的建设,构建适合社会资本进入的(铁路运输)**市场体系**

只有政策而没有相应的市场体系和制度机制保障,没有盈利模式,社会资本是不会进入的。对于铁路来说,只有通过进一步深化改革,加强符合市场化要求的相关基础制度建设,通过制订相关规则,改革定价机制等,使各类投资主体能够真正平等进入、公平竞争,才能吸引社会资本进入,推行分类投资,改变政府全面主导投资的局面。具体为:

(1)平等准入制度建设;

(2)建立线路投资经营与运输服务经营相分离的铁路投融资体系架构;

(3)构建多元化市场主体、自主经营的铁路运输市场体系;

(4)完善清算标准和清算体系建设;

(5)建立反映经营成本和市场供求关系的铁路运价定价机制。

5.加快建设社会资本进入的各种投资渠道(或平台)

吸引社会资本进入,必须要有相应的平台和投资渠道,并为每一种平台或投资渠道设计具体投资产品或方式,制订透明、公正的保护性政策。

(1)投资项目信息公开和服务平台建设

政府对于规划拟建设的项目,要在政府网站和相应的媒介公开披露,提供项目规划建设的内容、拟采取的投资方式、投资者资格条件要求、投资者申报或投标的流程等内容和咨询服务,使投资者能够及时充分地了解拟建设的项目情况。

(2)直接投资的不同模式建设

根据国家相关法律和各种运输方式基础设施不同的经营特征,社会资本直接投资建设交通基础设施的主要方式有:企业独资或联合投资(BOO、BOT 等方式),

政府与企业或私人资本共同投资(PPP 等方式),企业或民间资本参与政府投资为主的项目,企业或民间资本投资由政府(对预期盈利能力低的项目)提供投资补助或一定比例资本金以及贷款贴息,BT 投资模式等。政府主管部门对于这些社会资本投资方式要深入研究,制订出透明的可操作的具体规则和管理办法,包括申报程序、决策程序、招投标方式、实施保障等,建立适应和鼓励社会投资者进入的多样化投资体系。根据交通基础设施的建设特点,明确政府负责项目工程可行性研究报批工作和项目征地拆迁工作。

(3)权益性投资产品设计和投资渠道建设

吸引社会投资者以权益性方式投资交通基础设施的方式很多,包括发行股票、股权转让、设立产业投资基金等。

①以公司股份制改造和股权转让的方式,吸引社会资本进入,激活存量、盘活既有资产。对已有企业和资产进行改造,组建股份制公司,向 PE 投资者、战略投资者以及合格企业转让部分股权,将存量变现,用变现的资金再投资于交通基础设施新项目以及公益性项目的建设,实现滚动发展。

②以发行股票上市为渠道,通过新股发行、存量发行(今后 IPO 的改革内容之一)、增发、配股等方式,吸引社会资金购买股票投资交通基础设施建设与经营。

③设立交通产业投资基金,吸引社会资本投资交通基础设施。

(4)经营权转让方式的投资渠道建设

以符合国家相关法律、规范的交通项目资产经营权转让的方式,吸引企业、上市公司以及其他合格经营人出资受让经营权,政府将提前收回的投资资金再用于其他项目的建设发展。重点加强经营权转让的相关法规和具体操作办法建设,既要便于操作,又要公平、公正和防止国有资产流失。

(5)债权性投资产品设计和投资渠道建设

债权性投资,是指为取得债权所做的投资,如购买铁路建设债券、地方政府债券、企业(或公司)债券等。其中,债权投资计划已成为保险等机构投资者投资基础设施的一种重要方式。

拓宽和完善向市场发行债券、吸引社会资金购买的投资渠道和平台建设。

债权投资计划是指保险资产管理公司等专业管理机构(以下称专业管理机构)作为受托人,根据中国保监会 2006 年发布的《保险资金间接投资基础设施项目试点管理办法》和2012年发布的《基础设施债权投资计划管理暂行规定》,面向委托人发行受益凭证,募集的资金以债权方式投资基础设施项目,按照约定支付预期收益并兑付本金的金融产品。

(6)资产证券化投资产品设计和投资渠道建设

交通企业可以将既有的或新投资项目的相关资产和收益通过资产证券化设计成为相应的证券化产品,提供给信托资金、理财资金以及个人投资者购买。企业则可将筹集的资金用于交通项目的建设。目前主要是标准化产品的设计问题,以及交通基础设施项目资产的收益率普遍较低。

6.建立事权、财权相匹配的政府筹资渠道,盘活存量,创新融资方式

交通基础设施建设事权,除了国家铁路干线由国家铁路部门为主导、地方政府参与以外,公路、机场、内河航道以及港口公共基础设施都是由地方政府为主负责投资建设。国家主管部门对国家高速公路、普通国道、机场以及列入国家规划的内河航道等项目提供专项资金投资补助。此外,根据当前的铁路改革结果,地方政府要参与本省区域范围内的国家干线铁路建设,承担城际铁路、市域(郊)铁路、资源开发性铁路、支线铁路等的建设主体责任。

在财权方面,国家统一征收的各种交通专项资金是由国家相关的交通主管部门负责安排使用和投向。地方政府除了国家根据项目补助的部分资金以外,没有相应稳定的资金来源作为保障,只能通过各种各样的方式进行筹资,其中最主要的方式就是土地出让或联合开发,以及将通过各种形式融资到的债务性资金转化为资本金,其余部分再向银行贷款。尤其是普通公路建设,既没有相应稳定的资金来源渠道,也无法向银行贷款融资,建设资金压力巨大。

下一步改革,首先要明确划分清楚中央政府和地方政府在交通基础设施投资建设方面承担的责任边界,并根据财权与事权相对应的原则,建立相应的政府性建设资金来源渠道,明确政府性资金的使用范围和重点;第二是划清政府与市场的边界,能利用市场的积极推向市场,可经营或收费的交通基础设施项目以社会资本投资、政府补助、政府与社会资本合资等多种市场化的方式推进;第三要建立地方政府稳定的交通建设资金来源渠道,以保障公益性交通基础设施的建设和对吸引社会资本投资的部分低投资回报项目实施补助。重点是增加地方财政对交通基础设施建设的投入和盘活既有存量资产,以及依托收费高速公路的“统贷统还”统筹筹集部分普通公路的建设资金。

7.积极建立优先股投资制度,吸引社保等基金投资

交通行业要根据优先股的发行政策和投资方式,研究采取以优先股的投资方式吸引寻求低风险投资的保险资金、社保资金、企业年金以及其他机构、企业、民间资本投资交通基础设施,增大建设资金来源。同时,研究探索利用优先股,以间接"债转股"方式(用优先股筹集的资金偿还银行贷款)化解铁路高债务问题。

一是推进企业兼并和资产重组,组建交通投资与资产运营大型股份制(集团)公司;二是明确公司经营方针和投资重点,以及政府给予的优惠政策等;三是完善公司治理结构,建立符合优先股投资要求的透明制度;四是向主管部门申请发行一定数量规模的优先股,筹集重大交通基础设施建设资金或对已建成项目资产的收购资金。

优化铁路债务结构的思路是:第一,按照股份制公司要求对铁路局(公司)的资产进行重组和债务重构,建立符合优先股发行和投资要求的大型股份制(集团)公司。第二,选择拥有较好项目资产和经营效益较好的铁路局(公司)进行先进行试点,向保险资金、社保资金、企业年金等大型机构定向增发优先股,以扩大公司股本和增加权益性资金的方式筹集公司资金;优先股采取固定股息率,并约定公司在今后某一时期逐步回购优先股的条件和回购价格,取得成功后扩大推广。第三,公司将发行优先股筹集到的资金用于偿还以往项目的银行贷款,降低银行贷款总额,改善和优化公司债务结构。第四,持有优先股的社保基金等股东获得公司每年支付的稳定的股息收益,实现资产保值增值。第五,在铁路建设资金需求高峰期过后,根据合同约定的期限,公司以约定的条件和价格回购股份,而社保基金等优先股东收回原来购买优先股的资金等。

优先股模式对于中铁总公司来说,相当于把支付给银行的贷款利息支付给了社保基金等优先股投资者,总支出基本不增加,但债务总额减少了,负债率降低了,财务资产质量提高了。最重要的是将还本时间延后,错开了集中还本付息期,大大减轻了财务压力。对于社保基金等优先股投资者来说,选择了风险较小的投资品,获得了稳定的投资收益。对于银行来说,降低了对单一借款主体的贷款比例和贷款偿还风险。

第六节　交通基础设施投融资体制总体架构和改革重点

(一)铁路投融资体制改革重点和总体架构

1.改革重点

铁路投融资体制改革的重点是:①改革原铁道部全面主导的模式,合理划分中央与地方事权。下放城际铁路、市域(郊)铁路、资源开发性铁路、支线铁路等建设投资权。②构建基础设施投资建设与运输服务经营相分离的市场体系架构,改革单一委托运营模式,成立地方铁路局,构建多元化的市场经营和竞争主体,为社会投资者投资铁路基础设施和自主经营创造基本市场条件。③设立铁路发展基金,以及设计多种方式、多渠道吸引社会资本投资铁路的金融产品。④改革价格机制,建立公益性、政策性运输补贴机制,以及建立科学完善的铁路行业各项业务的清算标准和清算体系。扩大企业自主定价权,运输价格逐步由政府定价向政府指导价转变。根据成本和调动各方积极性的公平原则,制订行业各项业务合理的清算规则和价格标准,取代目前中铁总公司各铁路局之间的内部清算办法和清算价格,营造公平的市场环境。⑤建立与地方政府铁路建设事权相对应的建设、运营补贴的资金来源渠道。

2.总体架构

(1)铁路建设责任主体划分

按照事权合理划分,中央政府作为建设责任主体的铁路主要是:国家干线铁路、区域性干线铁路、国际通道铁路、国边防以及国土开发铁路等。地方政府作为建设责任主体的铁路主要是:城际铁路、区域性一般铁路、市域(郊)铁路、资源开发性铁路、支线铁路等。

(2)政府与市场的投资范围划分

政府作为主导推动和投资建设的铁路主要是:国家需要控股的干线铁路项目,公益性、准公益性铁路项目,国边防和国土开发铁路项目,这些项目也要采取市场化运作方式,吸引社会资本参与。市场为主导投资建设的铁路主要是:经营性铁路项目,接受政府投资补助的准公益性等铁路项目,城际、市域(郊)等 PPP 模式铁路项目,资源开发性、铁路支线铁路项目。

(3)政府铁路建设资本金筹集渠道

建立中央政府投资建设铁路的资本金多渠道来源:中央财政预算内铁路建设资金、向铁路货主征收的铁路建设基金、向社会发行的铁路建设债券、设立的铁路发展基金、由中铁总公司负责实施的铁路用地及站场毗邻区域土地综合开发收益、中铁总公司企业自筹资金等。地方政府投资建设铁路的资本金主要从以下几方面筹集:地方各级政府财政预算内铁路建设资金、用于铁路建设的部分地方政府债券、铁路工程建安营业税返还、土地出让金提取一定比例用于铁路建设、铁路沿线和站场周边土地出让或联合开发的收益、发行企业债券等。

(4)社会资金投资铁路的主要方式和渠道

建立社会资金以直接投资、权益性投资、债权性投资等方式的投资渠道与平台。直接投资可以是:参与政府主导的干线铁路项目的投资建设与运营,以独资、联合投资、控股以及 PPP、BOO 等方式对规划的铁路项目进行投资建设,以购买既有铁路或在建铁路项目的股权方式进行投资等。权益性投资可以是:对铁路项目或公司的 PE 投资,购买铁路上市公司股票,购买铁路公司优先股,购买铁路发展基金等。债权性投资可以是:购买铁路建设债券、地方政府(用于铁路建设的)专项债券、保险公司发行的铁路项目债权投资计划、地方政府铁路投资公司企业债券以及铁路项目公司债券等。

(5)基础设施与运输服务经营体系架构

按照“线路建设政府主导、运输经营市场化”的改革原则和“线路资产经营与运输经营服务相分离”的模式分别组建线路资产经营管理公司和铁路运输经营公司。

具体运行架构是:线路经营管理公司将线路资产租赁给铁路运营公司,收取使用费(租赁费);铁路运输经营公司租用铁路线路资产经营管理公司的线路等设施进行运输经营,支付线路资产使用费或租赁费,完全“自主经营,独立核算、自负盈亏”。线路资产使用费或租赁费价格标准由政府依据总投资和合理的投资回报率确定,实施政府指导价。线路资产公司因执行政府对运营公司的优惠政策而减少资产使用费收入,造成对社会投资者应得收益的损失,由政府提供补贴。

按"网运分离"的模式进行的改革可以先从地方为主的铁路和地方铁路局开始探索和实践。各省可以按照"所有权与经营权分离"、"线路资产经营与运输经营服务相分离"的模式分别成立"省铁路投资与资产经营管理(集团)公司"和"省铁路运营股份有限公司"。铁路投资与资产经营管理(集团)公司负责铁路线路等基础设施投资建设和资产经营管理,铁路运营股份有限公司负责客货运输业务经营,参与运输市场竞争。取得成功经验后,推广到国铁,对各铁路局也按照"网运分离"的模式进行重构。

(6)铁路价格体系架构和定价机制

按照"网运分离"的改革思路,根据铁路基础设施与铁路客货运输经营的不同属性和竞争性,推进铁路基础设施使用收费与运输经营的客货运输价格相分开的改革,为吸引社会资本投资建设铁路和促进铁路客货运输市场化以及建立公益性运输补偿机制创造基础条件。

铁路基础设施使用费(租赁费或过轨费形式)收费标准由国家铁路主管部门和价格主管部门根据线路功能、技术等级、运输强度、所处地域以及相关政策等因素,分若干大类制订,由铁路产权所有者(业主)向铁路运行企业收取。政府根据不同线路的客货运输需求和运输经营情况制订铁路基础设施使用费优惠政策,并因优惠政策造成社会投资者的线路公司过轨费收入减少的,由政府给予相应的补偿。

铁路客货运输价格(基准价)由国家铁路主管部门和价格主管部门根据铁路基础设施使用费、客货运输经营成本、合理利润水平等因素综合制定,实行政府指导价,运输企业具有一定的价格浮动权。同时,建立公益性运输政府补贴制度,使铁路运输经营者获得合理收入,以促进市场公平竞争。

(二)公路投融资体制改革重点和总体架构

1.改革重点

按照建设以高速公路为主体的收费公路体系和以普通公路为主体的非收费公路体系的"两个体系"发展思路,进一步调整公路投资结构,加大对普通公路的投资力度。①完善普通国道投融资体制,着力解决投融资问题;②较大幅度提高公路专项资金(车购税)对非收费公路的投资比例;③增加中央和地方政府债券、财政预算内资金对普通国省道、农村公路的投资;④合理安排高速公路建设发展速度,通过规划审批、限制用地指标、银行贷款等措施合理控制地方高速公路过度超前建设;⑤建立"政府还贷"高速公路超收的通行费用于普通公路建设的制度,研究制订高速公路收费期满足后的政策以及养护管理办法。⑥地方高速公路要逐步建立全面市场建设的制度,主要以经营性吸引社会资本投资建设,并合理控制政府提供的包括土地开发在内的各种补偿比例;⑦在全面执行取消二级公路收费政策的同时,严格控制一级公路收费建设项目的审批,并研究取消一级公路收费的可行性。

2.总体架构

根据合理划分中央政府与地方政府事权的要求,结合国家公路既具有全国性路网干线作用,承担省际、大区域间通道功能和客货运输,又具有地域性布局特点,以及作为地方主要通道、为地方经济发展服务的功能作用,建议将国家公路(包括国家高速公路、普通国道)作为中央和地方共同事权,共担建设与养护支出责任,并委托省级政府管理,中央政府实施监督和协调。省道建设和养护管理为省级政府事权,由省级政府承担支出责任,对于经济发展落后省份的省道建设,中央政府提供一定的资金补助。农村公路的建设和养护管理为县级政府事权,承担相应的支出责任,中央政府和省级政府提供一定比例的资金补助。即构建"国家公路中央和省共同事权,省道省管,农村公路县管"的公路建设和养护管理体制。

(三)水运港口投融资体制改革重点

重点构建事权和投资责任主体清晰的水运港口投融资体制。长江干线航道、国境通航河流航道、沿海主要港口公共航道以及锚地、防波堤等公共设施的建设和维护应作为中央政府和地方政府的共同事权;港口码头等经营性设施以及港区内航道等由企业投资建设和维护。

(四)机场投融资体制改革重点

机场投融资体制改革既要有利于调动地方积极性,又要有序发展,不造成太过超前的浪费和地方财政的过大压力。重点是:①完善全国机场布局规划,按适度超前原则审批建设项目;②进一步理顺机场管理体制,推进机场政企分开、政资分开;③进一步加大中央财政、民航发展基金对中西部支线机场建设的支持力度;④加强支线机场航线培育和干支衔接网络模式的开展,发挥支线机场对改善交通、促进地区经济发展的作用,减少运营亏损;⑤进一步加大机场建设投资与运营的市场化改革,鼓励多元化投资、收购重组以及实施集团化运营管理;⑥推进低空开放改革,积极发展通用航空机场和增加支线机场通用航空服务功能。

(执笔人:罗仁坚　宿凤鸣　张广厚　罗诗屹)

第二章 >>>

交通基础设施投融资体制现状和问题

内容提要

我国铁路采取的是“网运一体”的投资运营管理体制，公路、港口、机场是基础设施与运输企业经营相分离的投资运营管理体制。交通基础设施建设的推动主要是以政府为主导，但是各种运输方式的市场化程度不同。铁路基本上是以政府投资为主；收费公路既有政府投资，也较好地引入了社会资本投资；枢纽机场和干线机场一般是政府和社会资本共同投资；港口基本上是由企业以经营性项目的方式进行投融资。在现行的交通投融资体制下，各地方政府都在积极争取上项目，交通投资规模增长迅速，在快速改善交通的同时，也产生了高额债务和政府偿债压力，同时引发了是否太过超前发展的不同看法和争议。

第一节 当前交通基础设施的投融资体制

自从20世纪80年代公路建设的“贷款修路、收费还贷”模式得到中央政府肯定并形成相关政策后，交通基础设施领域的投融资体制改革不断展开，公路、水运、民航、铁路纷纷扩大市场开放和研究制订相关政策，积极吸引外资和社会资本进入，采用银行贷款等债务性融资方式，多渠道筹集建设资金。交通投资额增长远远高于国民经济增长速度，使交通基础设施逐步改变了基础薄弱、能力严重不足、制约国民经济发展的状况。

1980—2012年,公路建设投资从9.78亿元增长到了1.24万亿元,增长了约1267倍;铁路基本建设投资从26.97亿元增长到了5160亿元,增长超过了190倍,其中2010年超过7000亿元;水运投资从12.82亿元增长到了1456亿元,增长了约112倍;民航基础设施投资从0.99亿元增长到了720亿元,增长了约726倍。交通运输行业❶的固定资产投资共计投入15.97万亿元(1981—2011年),约占全社会固定资产投资的9.11%,占GDP的比重由20世纪80年代的百分之一点多上升到目前的百分之五点多,基本达到了发达国家交通大发展时期交通投资占GDP5%~6%的水平。

交通投资之所以能获得如此快速增长,一是国家政策支持和批准征收用于投资建设各种运输方式基础设施的专项基金、税费;二是逐步建立了适应这一时期交通基础设施大发展的投融资体制,充分调动了各级政府的积极性。当前交通基础设施的投融资体制总体可以概括为:政府为主导,吸引社会资本进入,投资主体多元化,筹资渠道多样化,大量利用银行贷款和发行债券,建成后以对使用者收费的形式或网运一体通过运输经营获取运输收入的形式还贷。这种以政府为主导和大量利用银行贷款等债务性融资的方式,极大地促进了交通基础设施建设的快速发展,但同时由于大规模建设集中在较短的时期内实施,造成了累积债务规模迅速膨胀、还贷压力不断增大。各种运输方式由于管理体制以及对运营、组织、管理的网络化要求不同,在投融资体制上(包括建设投资主体和投融资模式、投融资规模)存在着较大的差异。

(一)铁路投融资体制

1."网运一体"的投资运营管理体制

我国铁路建设运营与公路、港口、机场的基础设施建设运营和运输经营"上下分离"的模式不同,采用的是"上下一体"的体制和模式。投资铁路基础设施建设者同时要以基础设施进行运输经营,由此获取以清算方式结算的票款收入以及其他收入,以"网运一体"的经营方式取得投资收益。到目前为止,还没有纯粹为了

❶交通运输行业包括:铁路运输业、道路运输业、城市公共交通业、水上运输业、航空运输业和管道运输业以及装卸搬运和其他运输业。

经营铁路基础设施而进行投资的案例,线路建成后要么组建公司自己经营,要么委托经营。高铁等合资铁路项目基本上都是委托铁路局经营,除了石太客专和京津城际以收取过轨费的形式以外,其他都是以收取票款为主营收入。这种模式抬高了社会投资者进入铁路的门槛和投资成本,除了投资建设基础设施以外,还要购买运输设施设备,自己经营的还必须要有运输经营资格以及组建运输经营队伍等。但是,在现行的铁路运输经营模式和调度环境(实行高度集中、统一指挥的运输调度)下,如果项目公司不经营客货运输业务,仅依赖其他运输公司的跨线经营业务或列车通过,收取的线路基础设施使用费能否达到预期存在着较大的不确定性。目前,“网运分离”的管理体系和市场制度还未建立。

2.铁路规划编制和审批的主体

2013 年 3 月大部制改革前,全国铁路规划由铁道部编制,报国家发展改革委和国务院审批;地方铁路、专用铁路、铁路专用线的建设规划必须符合全国铁路发展规划,并征得国务院铁路主管部门或者国务院铁路主管部门授权的机构的同意。实际上,各省也编制全省铁路规划,但他们规划的项目必须能够纳入到铁道部的规划中或部省协议中才能被认可和实施建设,因此各省都极力地争取把省规划的铁路项目纳入到国家的规划中。

3.全国铁路规划的实施主体

全国铁路规划的实施原来全由铁道部负责,不仅由铁道部决定项目的建设实施时序安排,而且几乎所有的项目都是由铁道部主导投资和控股,项目建成后纳入铁道部统一运营和清算体系。地方政府虽然对规划的本辖区铁路项目的实施非常积极,但不是主导主体,其主要任务是推进项目前期工作和配合项目实施(如征地拆迁,一定比例的资本金出资等)。现在,中铁总公司正在改变这种全部包揽的做法,将城际铁路、支线铁路等地方性铁路下放到地方政府负责投资建设,但新建线路与铁路网接轨依然是由中铁总公司审批。

4.铁路建设项目的主要投资主体

目前铁路建设项目实施基本上都是以合资铁路的模式,由中铁总公司与沿线各省以及战略投资者按一定的资本金出资比例组建项目合资公司,作为业主进行建设。2004 年 10 月,铁道部成立了中国铁路建设投资公司(以下简称中铁投资),代表铁道部履行铁路大中型建设项目出资人代表职能,这是铁路建设投资体制改革，构建铁路市场化融资平台的重大举措，是推进合资铁路建设的重要基础。但是，由于铁道部没有摆脱独家垄断的发展理念，仍然想控制所有的铁路运营，因此，对合资建设项目基本上都要求控股。省级政府是必须参与的投资方（大多数省是由省铁路投资公司作为出资人代表），其他投资者（包括社保基金、保险基金等战略投资者以及社会资本）是积极吸引的对象。国家干线铁路项目，一般是铁道部绝对控股，沿线地方省级政府主要是以征地拆迁费计入股份的方式参与投资，同时吸引社会资本投资；非国家干线的城际铁路以及区域性铁路项目，一般是铁道部控股，地方除了以征地拆迁费用入股外，还要投入一定的资金，并积极吸引社会资本进入。除了资本金以外，项目的银行贷款主要是由铁道部以“统借统还”形式向银行借贷。

项目建成后，基本上都是由项目线路公司以委托的方式委托铁路局经营，并向铁路局支付委托经营费。铁路局对委托范围内的事务和安全责任负责。项目线路公司不是真正意义上的铁路运输主体，没有实际经营权，更像是一个资产管理公司或财务单位。

尽管铁道部根据国务院先后发布的《关于投资体制改革的决定》、《关于鼓励支持和引导个体私营等非公有制经济发展的若干意见》、《国务院关于鼓励和引导民间投资健康发展的若干意见》等制订了相应的鼓励和引导社会资本、民间资本投资铁路的实施意见，而且也提出了“构建建设投资主体多元化、资金来源多渠道、融资方式多样化、项目建设市场化的铁路投融资体制新局面”，在政策上、法律上扫除了各类资本进入铁路投资的障碍。但铁路体制改革未到位，铁道部要求对项目控股以及独家垄断经营，适合社会投资者进入的公平竞争的市场制度和运营环境以及价格机制尚未建立，社会投资者在参与铁路项目投资中缺少话语权和经营决策权，对未来收益预期不明。因此，除了战略投资者以及部分社保基金和保险基金以外，以获取投资收益为目的主动参与铁路项目的社会投资者很少。

5.铁路建设的主要资金来源和结构

（1）项目资本金

按规定，交通基础设施项目资本金为35%以上。实际中，我国铁路建设项目的资本金一般为50%，其他50%为银行贷款。在全部资本金中，铁道部一般占50%以上，地方政府占49%以下（其中，征地拆迁费计入股份）。对于地区性较强的项目，根据部省协议的资本金分担比例，地方政府除了承担征地拆迁费以外，还要投入一定的资金。由多家股东（包括沿线地方政府、战略投资者）共同参与的合资铁路项目，各股东的出资比例通过协商达成协议，一般是铁道部占比最大，为第一大股东。

（2）项目债务融资

项目建设的银行贷款由铁道部负责统一向银行借贷，按铁道部与银行达成的利率协议和采取“统借统还”的方式办理。因此，在统计上，这部分是计入铁道部完成的投资中。

（3）铁道部的建设资金来源

铁道部资金主要有铁路建设基金、发行的铁路建设债券、国家财政预算内资金、计提的折旧资金、企事业单位自筹以及资产变现等。

（4）地方政府的建设资金来源

地方政府资金主要有征地拆迁费计入股份的资金、地方财政资金、转让相关土地或土地开发获得的资金、政府债券、企业代政府投资的资金。

（5）各类投资资金结构

根据统计资料，包括贷款在内，1991—2007 年，铁道部完成投资占铁路基本建设总投资的 85%～90%，2009 年降至 72.25%，2010 年又达 78.28%（见表 2-1 和表 2-2）。不计贷款和外资，按资本金计算，2010 年铁道部占 59.98%，地方政府和路外企业占 40.02%。在铁道部资金来源中，铁路建设基金占 23.7%，财政预算内资金占 5.0%，铁路建设债券占 36.3%，专项资金、资产变现资金、企事业单位自筹资金分别占 15.2%、16.6%、3.2%（见表 2-3）。

“八五”期以来特征年铁路投资资金来源构成（单位：亿元）　　表 2-1

年份	合计	铁道部完成投资									地方政府及路外企业投资
		小计	建设基金	财政预算内资金	国内贷款	外资	债券	专项资金	资产变现资金	企事业单位自筹	
1995	365.5	328.2	188.6	2.9	88.3	11.6	15.3			21.6	37.4
2000	509.9	456.8	177.4	46.1	161.4	21.6				50.3	53.1
2005	880.2	743.3	345.0	60.0	157.0	36.4	50.7	52.9		41.3	136.9
2010	7074.6	5537.8	545.8	115.2	3217.7	16.9	836.8	349.7	382.7	73.0	1536.8

资料来源：《全国铁路统计资料汇编》。

“八五”期以来特征年铁道部投资比例(单位:%) 表 2-2

年　份	铁道部完成投资	地方政府及路外企业投资
1995	89.78	10.22
2000	89.59	10.41
2005	84.45	15.55
2010	78.28	21.72

资料来源:根据《全国铁路统计资料汇编》整理。

“八五”期以来铁道部各项建设资金来源比例(单位:%) 表 2-3

年　份	合　计	建设基金	财政预算内资金	债券	专项资金	资产变现资金	企事业单位自筹
1995	100.00	82.59	1.25	6.70	0.00	0.00	9.46
2000	100.00	64.80	16.84	0.00	0.00	0.00	18.36
2005	100.00	62.75	10.91	9.21	9.61	0.00	7.52
2010	100.00	23.70	5.00	36.33	15.18	16.62	3.17

资料来源:根据《全国铁路统计资料汇编》整理。

6.铁路管理体制改革后的新变化

实际上从 2012 年开始,国家发展改革委、铁道部就已逐步朝着“省内铁路、城际铁路将由地方政府负责投资建设,铁道部在技术上进行指导”的方向进行放权和投融资体制改革。铁道部调整了以往对几乎所有项目都控股、大小项目都包揽的铁路建设投资思路,主要投资国家干线、跨省(区、市)重要区域性干线项目的建设。这其中,蒙西至华中铁路煤运通道的建设投资就是一个较典型的例子,成为了铁路项目引入外部资本的一个标杆和未来铁路投融资的一个样板。根据建设方案,新建的蒙西至华中地区铁路煤运通道工程线路北起东乌铁路浩勒报吉站,途经内蒙古、陕西、山西、河南、湖北、湖南,终点到达江西吉安,线路全长 1837 公里。通道规划设计年输送能力为 2 亿吨,建成运营初期输送能力达到 1 亿吨。2012 年 2 月国家发展改革委批复了《关于新建蒙西至华中铁路煤运通道工程项目建议书》,该项目的投资估算总额为 1539.7 亿元,包括工程投资 1457.7 亿元和机车车辆购置费 82 亿元,其中 540 亿元将由蒙西华中铁路公司的发起人以出资注入资本金的形式筹集。国家发展改革委提出在资金筹措上，该项目将按照政府主导、多元化投资、市场化运作方式，由铁道部联同内蒙古、陕西、山西、河南、湖北、湖南、江西七省（自治区）共同建设，积极引进煤炭企业、电力企业及其他社会资本参股，且任何一家投资方都不能持有超过 50% 的股份。2012 年 8 月，由中国铁投牵手 15 家企业共同设立蒙西华中铁路公司，初始注册资本 10 亿元。中国铁投占注册资本 20%，中国神华、中煤能源、国投交通公司、陕西煤业化工集团有限责任公司、淮南矿业（集团）有限责任公司、伊泰煤炭分别占注册资本的 10%，其他投资人分别为：河南铁路投资有限责任公司（3.5%）、湖北省客运铁路投资有限公司（3.3%）、内蒙古蒙泰煤电集团有限公司（3.2%）、榆林统万投资有限责任公司（2.5%）、湖南省铁路投资集团有限公司（2.1%）、中国华能集团燃料有限公司（1.4%）、中电投物流有限责任公司（1.4%）、山东能源国际物流有限公司（1.4%）、江西省铁路投资集团公司（1.2%）。

2013 年进行了大部制改革，撤销了铁道部，成立了中铁总公司，在体制形式上实现了政企分开。中铁总公司为企业性质，但在具体运行上并没有完全改革到位，未完全按企业方式进行铁路投融资决策，而是全盘继承了原铁道部负责全国铁路建设的责任，代表中央政府安排全国铁路的建设计划，筹集资金对国家铁路进行建设。但是，管理体制改革还是为推进分类投资制度的建立，形成多主体、多元化、多渠道投资建设铁路的格局起到了基础性作用。2013 年 8 月，国务院发布了《关于改革铁路投融资体制加快推进铁路建设的意见》（国发〔2013〕33 号），明确按照"统筹规划、多元投资、市场运作、政策配套"的基本思路，完善铁路发展规划，全面开放铁路建设市场，对新建铁路实行分类投资建设，向地方政府和社会资本放开城际铁路、市域（郊）铁路、资源开发性铁路和支线铁路的所有权、经营权，鼓励社会资本投资建设铁路。

（二）公路投融资体制

1."上下分离"的投资运营与管理体制

我国公路基础设施建设与公路运输经营是"上下分离"的投融资体制和管理体制，投资公路基础设施不需要通过经营公路客货运输获取收入，回收投资，而仅需要对公路基础设施进行经营，向使用公路线路基础设施的车辆收取通行费实现投资项目的经营收入和投资收益。

公路关系到人们的基本出行和运输，具有较强的公益性质。为了加快公路发展满足人们便捷出行需要，对于高等级公路，我国政策允许采取“贷款修路、收费还贷”的融资方式投资建设；普通公路由政府投资建设，非收费。因此，我国公路分为非收费公路和收费公路两类。

①非收费公路是全部由政府投资或者社会组织、个人捐资建设及养护管理的公路，供免费通行使用，主要为二级（含）以下公路（一些省还未完全取消二级公路收费）和部分停止收费的一级公路、高速公路。

②收费公路主要是以融资方式建设的高等级公路，主要以高速公路、一级公路等为主（还有部分未取消收费的二级公路）。通过对通行的各类车辆收取通行费获取收入，以偿还贷款和取得投资回报，即项目公司只对公路基础设施进行投资建设、经营和管理，不涉及公路的客货运输经营。

③建设项目车辆通行费收费标准主要是根据公路的技术等级、投资总额、当地物价指数、偿还贷款的期限、收回投资的期限以及交通量等因素计算确定，由省级价格主管部门、财政部门审核后，报经省人民政府审查批准后执行。

2.我国公路的规划和建设管理体制

我国公路按行政等级分为国道、省道、县道、乡道以及村道，建设和管理采用以地方为主的管理体制。中央政府交通主管部门负责制订行业发展规划、政策、标准；负责编制国家公路网规划及监督协调各省实施；负责公路建设项目的投资补助资金安排等。包括国道在内的公路建设、养护、管理等具体职责由地方政府负责。《公路法》规定：县级以上地方人民政府交通主管部门主管本行政区域内的公路工作，其中国道、省道的管理、监督职责由省（自治区、直辖市）人民政府确定。从中可以看出，即使是国道（包括国家高速公路和普通国道）的建设实施和养护管理也不是由国家交通主管部门主导，而是由各省（自治区、直辖市）人民政府主导。

①国道规划由国务院交通主管部门会同国务院有关部门并商国道沿线省（自治区、直辖市）人民政府编制，报国务院批准。

②省道规划由省（自治区、直辖市）人民政府交通主管部门会同同级有关部门并商省道沿线下一级人民政府编制，报省（自治区、直辖市）人民政府批准，并报国

务院交通主管部门备案。

③县道规划由县级人民政府交通主管部门会同同级有关部门编制，经本级人民政府审定后，报上一级人民政府批准。

④乡道规划由县级人民政府交通主管部门协助乡、民族乡、镇人民政府编制，报县级人民政府批准。

⑤按以上规定批准的县道、乡道规划，应当报批准机关的上一级人民政府交通主管部门备案。

3.收费公路建设的投融资主体及资金来源

收费公路分政府还贷公路和经营性公路两种。政府还贷公路是县级以上地方人民政府交通主管部门利用贷款或者向企业、个人有偿集资建设的公路；经营性公路是国内外经济组织投资建设或者依照《公路法》的规定受让政府还贷公路收费权的公路。

根据《收费公路管理条例》（修正案），建设和管理政府还贷公路应当按照政事分开的原则，依法设立专门的不以营利为目的的法人组织。省（自治区、直辖市）人民政府交通运输主管部门对本行政区域内的政府还贷公路，可以实行统一管理、统一贷款、统一还款，并依照前款规定成立法人组织具体实施。经营性公路实行特许经营制度，其建设项目应当向社会公布，采用招标投标方式选择投资者，选定的投资者应当与相关交通运输主管部门签订特许经营协议。经营性公路由依法成立并签订特许经营协议的公路企业法人建设、经营和管理。

收费公路以高速公路为主体，其发展资金除公共财政投入外，可利用社会融资方式筹集，通过收取的车辆通行费偿还❶。《公路法》规定，公路建设资金除各级人民政府的财政拨款，包括依法征税筹集的公路建设专项资金转为的财政拨款外，还可以依法向国内外金融机构或者外国政府贷款。依照本法规定出让公路收费权的收入必须用于公路建设。开发、经营公路的公司可以依照法律、行政法规的规定发行股票、公司债券筹集资金。

目前，各省高速公路（包括国高和省高）的建设基本上都是由省级人民政府交通主管部门负责推动和主导，沿线地市及县级政府配合以及参与投资。除了政府

❶《收费公路管理条例》（修正案）。

投资以外，还可采取政府与社会资本联合投资、收费经营权转让、发行股票上市、BOT、BOT+EPC、政府对项目投资补助、BT等各种方式吸引社会资本投资。各省高速公路建设大体可归纳为四种投融资和管理模式：一是辽宁模式，由省级政府统一负责高速公路投资、建设、养护和运营管理，实行“统收统支、统贷统还”。二是上海等模式，主要是在政府规划和引导下，吸引社会投资者投资建设高速公路，由社会投资人负责高速公路的建设、养护和运营管理，政府进行行业监管。三是江苏等模式，由省级政府成立独资或绝对控股的国有企业对高速公路等交通基础设施进行投资，负责建设、养护和运营管理，省级交通主管部门负责行业监管。四是混合模式，采用这种模式的省最多，在一个省内，有政府投资的、有社会企业投资的、有国有投资人投资的、有民营资本投资的、股份制上市公司投资的等多种形式并存。在项目建设的具体投资模式上以及筹集建设资金方面，地方政府对国家政策的利用可以说达到了较为极致的水平。

政府还贷公路，省级政府为主要投资主体，资本金来源主要是中央预算内资金、国债、地方预算内资金、地方转贷（国债）、车购税、地方专项财政资金、既有公路收费经营权转让所得资金、土地出让与开发所得资金、既有收费公路通行费收入年度结余资金等。债务融资主要是银行贷款以及企业债券，越来越多的省（自治区、直辖市）采取统贷统还的形式向银行贷款。

在经营性公路中，纯社会投资者投资经营的公路项目，主要是以BOT方式进行投资建设或受让既有公路收费经营权，资本金来自于社会投资者的自有资金、自筹的可以用作资本金的资金以及政府对相关BOT建设项目的补助资金，债务融资主要是银行贷款；政府与社会投资者联合投资建设的收费公路项目，其中包括股份制改造发行股票上市的高速公路项目，政府所属公司占有相当比例的股份，资本金基本上是按股份比例分担，债务融资由项目公司负责。

至2010年底，根据各省级政府的门户网站数据，全国共有收费公路15.5万公里，其中政府还贷公路10.2万公里，占65.6%，经营性公路5.3万公里，占34.4%。

就资金来源结构看，2012年全国高速公路公路完成投资7238.3亿元，在本年度到位资金6019.8亿元中，中央预算内及国债占0.1%，地方预算内及转贷占0.7%，车购税占11.1%，地方自筹和企事业单位资金占23.6%，国内贷款和利用外资占62.6%（见表2-4）。

全高速公路项目投资完成额和资金来源结构　　表 2-4

年份	单位	本年完成投资	本年资金到位合计	中央预算内及国债	地方预算内及转贷	车购税	国内贷款	利用外资	地方自筹	企事业单位资金	其他资金
2009	亿元	5323.1	4633.5	20.0	70.7	312.9	2960.7	38.3	631.4	529.8	69.7
	%		100	0.4	1.5	6.8	63.9	0.8	13.6	11.5	1.5
2010	亿元	6862.2	5744.6	9.1	56	759.2	3350	37.4	849.1	628	55.7
	%		100	0.2	1.0	13.2	58.3	0.6	14.8	10.9	1.0
2011	亿元	7424.1	5971.3	9.3	38.6	954.6	3367	51.8	818.5	604.2	127.2
	%		100	0.2	0.6	16.0	56.4	0.9	13.7	10.1	2.1
2012	亿元	7238.3	6019.8	4.2	40.6	665.9	3728.4	41.7	858.8	559.1	121
	%		100.0	0.1	0.7	11.0	61.9	0.7	14.3	9.3	2.0

资料来源：根据《全国交通运输统计资料汇编》整理。

4.非收费公路建设的投资体制及资金来源

目前，非收费公路包括国省道中的二级及以下公路、县道、乡道、村道，主要是为保障基本出行的普通公路。其建设主体为省级人民政府交通主管部门和各级地方政府，建设资金主要来源于财政资金（包括中央预算内资金、国债、地方预算内资金、地方转贷）、公路专项资金（包括车购税，以及燃油税返还被挤用于公路建设的资金）、地方政府自筹的其他资金等非偿还性的资金（有些项目也使用部分银行贷款，地方政府通过其他收入还款）。近几年，全国一般性公路项目投资完成额和建设资金来源结构见表 2-5（其中包含了一部分非重点项目的收费高速公路项目投资），农村公路项目资金来源结构见表 2-6，（其中 2012 年地方自筹资金占 68.3%）。

全国一般性公路项目投资完成额和资金来源结构　　表 2-5

年份	单位	本年完成投资	本年资金到位合计	中央预算内及国债	地方预算内及转贷	车购税	国内贷款	利用外资	地方自筹	企事业单位资金	其他资金
2009	亿元	3214.5	2905.2	42.2	102.6	176.1	1105.6	16.1	1056.1	336.0	70.5
	%		100	1.5	3.5	6.1	38.1	0.5	36.3	11.6	2.4
2010	亿元	3357.6	2836.1	12.3	68.9	157.9	1056.2	13.6	1078.6	406.5	42.1
	%		100	0.4	2.4	5.6	37.2	0.5	38.0	14.4	1.5

续上表

年份	单位	本年完成投资	本年资金到位合计	中央预算内及国债	地方预算内及转贷	车购税	国内贷款	利用外资	地方自筹	企事业单位资金	其他资金
2011	亿元	4179.1	3521.6	11.2	54.4	530.3	936.2	8.7	1492.2	381.9	106.7
	%		100	0.3	1.5	15.1	26.6	0.3	42.4	10.8	3.0
2012	亿元	4103.6	3677.5	15.3	75.3	649.5	886.5	1.9	1616	373.2	59.8
	%		100	0.4	2.1	17.7	24.1	0.1	43.9	10.1	1.6

资料来源：根据《全国交通运输统计资料汇编》整理。

全国农村公路项目投资完成额和资金来源结构 表2-6

年份	单位	本年完成投资	本年资金到位合计	中央预算内及国债	地方预算内及转贷	车购税	国内贷款	利用外资	地方自筹	企事业单位资金	其他资金
2009	亿元	2132.9	1879.8	146.4	23.7	405.4	88.7	2.2	1153.7	33.56	26.2
	%		100	7.8	1.3	21.6	4.7	0.1	61.3	1.8	1.4
2010	亿元	1923.8	1651.6	25.2	25.6	286.5	101	1.9	1163.8	14.3	33.2
	%		100	1.5	1.6	17.3	6.1	0.1	70.5	0.9	2.0
2011	亿元	2010.1	1733	24.2	24	394	72	0.1	1169.2	24.6	24.9
	%		100	1.4	1.4	22.7	4.2	0.0	67.5	1.4	1.4
2012	亿元	2145	1845.3	16.3	36.9	424.6	61.2	—	1258.7	17.3	30.2
	%		100.0	0.9	2.0	23.0	3.3	0.0	68.3	0.9	1.6

资料来源：根据《全国交通运输统计资料汇编》整理。

（三）港口和航道投融资体制

1.港口投资建设与水上运输相分离的投资运营管理体制

港口投资与经营主要是以港口码头作业和物流服务取得经营收入和获取投资回报。港口公司主要从事点上作业，获取水上货物运输在港口环节上的作业收入，而不必从事水上运输经营。港口公司收入主要是向船运公司和货主收取码头操作费、堆存费、仓储费等各种服务费用。

港口收费分内贸运输和外贸运输两类。内贸运输部分实行政府定价、政府指导价和市场调节价。其中，货物港务费、船舶使费（包括引航费、拖轮费、停泊费等)实行政府定价。货物装卸作业费等劳务收费实行市场调节价,货物和集装箱(国际标准集装箱除外)在港口进行装卸等劳务作业(堆存保管除外)实行包干计费,收费标准由港口经营人自行确定,并在其经营场所提前对外公布;货物和集装箱在港口库场存放,由港口经营人收取堆存保管费,收费标准由港口经营人自行确定,并在其经营场所提前对外公布。外贸运输部分,向航行国际航线的船舶及国外进出口货物计收的港口费用执行交通运输部颁布的统一费率标准,实行政府指导价。

目前,我国港口基本上是由港口服务经营主体直接投资建设或购买股权,仅有少数港口码头是以租赁形式经营的(出租给货主企业或码头运营公司,以收取租赁费作为基础设施的经营收入)。

2.港口管理体制

21 世纪以来,我国进一步深化了港口管理体制改革,实施了港口属地化管理,即港口由所在城市政府管理。2001 年 11 月,国务院批准转发了交通部、国家计委、国家经贸委、财政部、中央企业工委《关于深化中央直属和双重领导港口管理体制改革的意见》,将由中央管理的秦皇岛港以及中央与地方政府双重领导的港口全部下放地方管理。港口下放后,原则上交由港口所在城市人民政府管理;需要由省级人民政府管理的,由省级人民政府按照"一港一政"的原则自行确定管理形式。港口下放后,实行政企分开,港口企业不再承担行政管理职能,按照建立现代企业制度的要求改革成为自主经营、自负盈亏的法人实体。政府负责市场监管,并对主要港口公共基础设施建设提供资金支持。

各港口政企分开后,有的以原港务局行政管理职能为基础,组建港口行政管理机构,即港口管理局,直属市交通委员会;有的直接将行政管理职能转入市交通委员会(市交通运输局),设立港口管理的相关处室。与此同时,将原港务局企业职能分离出来,与原港务局所属企业改制组建成立港口集团公司或港务(集团)有限公司,负责港口经营,成为自主经营、自负盈亏的市场主体。该项改革实施后,形成了"一城一港一政"的港口管理体制。

3.港口建设的投融资主体和资金构成

港口管理体制的改革和《港口法》的实施,极大地促进了港口生产力的释放和竞争力的提高。沿海和主要内河沿岸港口城市普遍提出了"以港兴市"、"以港强市”的发展战略，一些省份提出了打造“港航强省”、发展“航运中心”的目标，各地政府加大投入，扩大招商引资。同时，各港口纷纷组建股份有限公司，吸收外资、社会资本进入，形成了港口投资主体多元化的投融资格局。营口港股份、南京港股份、厦门国际港务（香港联交所）、大连港股份、日照港股份、上港集团、连云港股份、宁波港股份等实现了发行股票上市，从资本市场直接筹集了建设资金。

在外商投资方面，2002 年 4 月 1 日起执行的《外商投资产业指导目录》取消了港口公用码头中方控股或占主导地位的要求，明确外商可以合资、合作、独资方式投资建设和经营港口码头。

在港口建设投资中，对于主要港口的公益性基础设施（如航道、航标、防波堤、锚地等）的建设，国家财政预算内资金、地方政府预算内资金、交通运输部专项资金会提供一定的补助，这部分资金约占航道等投资的 20%～30%，对港口码头等设施的投资补助很少，约占这部分港口投资的 2%左右。码头泊位和装卸设备、仓储设施等港口生产经营性基础设施，主要是以企业投资的方式进行建设和经营，可以是国内外资本独资、合资、合作、股份制企业的方式，除资本金以外，债务融资主要采取银行贷款和发行企业债券。在总投资中，2012 年预算内资金和交通运输部专项资金占水路运输业总投资的比重约为 13%（2011 年为 9.1%），其中，占航道总投资约为 51%（2011 年为 33%），占港口总投资约为 4.7%（2011 年为 2%）（见表 2-7）。此外，港口配套的集疏运通道基本上都是由地方政府负责投资建设。

在港口建设发展中，政府扮演着非常重要的角色。尽管港口管理体制改革后，在组织上把行政管理与企业的经营管理分开了，但政府不仅是具有管理港口的行政职能，而且也是港口企业的最主要出资人。地方政府总是希望港口经营的规模大一些，排位靠前一些。因此，地方政府会根据不同情况通过其控股的港口集团公司或其他投资公司对港口进行较大的投入，由此造成了各港口之间的快速发展竞争。实际上，我国港口企业并不是市场竞争的真正主体，后台是地方政府，港口发展的竞争是地方政府间的竞争。地方政府介入港口竞争，动员的不仅是经济资源，还有行政资源与财政资源。地方政府会通过各种途径对港口建设发展施加影响和增加投入。

2012 年水路运输业固定资产投资及政府投资补助占比　表 2-7

项　目	本年完成投资(亿元)	本年资金到位(亿元)	其中政府资金			
			预算内资金[1](亿元)	占到位资金比例(%)	部专项资金[2](亿元)	占到位资金比例(%)
水路运输业合计	1696.6	1334.9	27.2	2.0	147	11.0
一、航道	314.8	247.5	24.6	9.9	103.6	41.9
沿海港口航道	69.6	56.8	10.8	19.0	21.7	38.2
内河航道	245.3	190.7	13.8	7.2	81.8	42.9
二、港口	1179	941.8	2.5	0.3	41.2	4.4
沿海港口	934.6	787.7	2.1	0.3	29.8	3.8
内河港口	244.4	154.1	0.4	0.3	11.4	7.4
三、运输部门	152	145.6	0.1	0.1	2.3	1.6

注：(1)包括中央和地方政府预算内资金；

(2)包括车购税、港建费、内河支出专项资金。

资料来源：根据 2012 年《全国交通运输统计资料汇编》整理。

(四)机场投融资体制

1.“上下分离”的投资运营管理体制

民航运输属于“上下分离”的经营模式，机场是作为基础设施进行单独投资运营，向航空运输企业提供服务和收取服务费用作为经营收入，而航空运输企业则经营客货运输服务向旅客或货主收取运输费用。因此，投资建设机场不需要直接经营客货运输服务。

机场航空性业务收费项目的收费标准实行政府指导价，民航总局会同国家发展改革委，依据机场管理机构提供设施及服务的合理成本、用户的承受能力等因素核定基准价，并通过航空价格信息系统公布。非航空性业务重要收费项目(不包括国际及港澳航班的地面服务收费)的收费标准实行政府指导价，民航总局会同国家发展改革委，依据机场管理机构或服务提供方提供设施及服务的合理成本、用户的承受能力等因素核定基准价，并通过航空价格信息系统公布；国际及港澳航班的地面服务收费实行市场调节价。非航空性业务其他收费项目的收费标准，原则上以市场调节价为主；市场竞争不充分的收费项目的收费标准，依据《中华人民共和国价格法》,按照定价目录管理。航空性业务收费项目以及非航空性业务重要收费项目(不包括国际及港澳航班的地面服务收费)的收费标准基准价一般不作上浮,下浮幅度由机场管理机构或服务提供方根据其提供设施和服务水平的差异程度与用户协商确定。

2.机场管理体制

根据国务院2003年9月批复的民航总局《关于省(区、市)民航机场管理体制和行政管理体制改革实施方案》,除了北京首都国际机场、西藏自治区内的民用机场仍由民航总局管理以外,其他机场下放省(自治区、直辖市)管理。机场实行属地化管理,实现政企分开,建立机场自主经营、自我完善、自我发展的机制。原则上以省为单位组建机场管理公司,实行企业化经营。空中交通管理体制,按照集中统一的原则,建立民航总局空管局—地方空管局—机场空管中心(站)为一体的空中交通管理体系,按事业单位性质管理。

2004年机场属地化管理改革完成后,地方政府成为机场建设、投资和管理的责任主体。民航总局实行行业管理,承担对行业发展宏观调控的政府职责。

3.机场建设的投融资主体

机场属地化改革后,多元化的投资模式开始形成并获得推广。地方政府对机场的投资力度加大,提供的优惠政策增多,并积极将机场推向市场,向社会和资本市场筹资。各路资本纷纷进入,外资、内资企业投资机场的项目和资金不断增多,国内、国外机场集团纷纷采取投资和收购机场股权、托管等方式进行机场间的合作与运营管理,航空公司也参与机场的投资和股权收购。

2002年,经国务院批准,中国民航总局、对外贸易经济合作部和国家发展计划委员会联合发布了《外商投资民用航空业规定》(CCAR—201),鼓励外商投资建设民用机场。外商投资民用机场应当由中方相对控股,同时取消了原来中方出资应在51%以上,董事长、总经理由中方人员担任的规定。

2005年,中国民航总局发布了《国内投资民用航空业规定(试行)》(CCAR—209),鼓励、支持国内投资主体投资民用航空业,促进民用航空业快速健康发展。国内投资主体包括国有投资主体(指各级政府及其授权的国有资产投资机构、国有或者国有控股企业、其他国有经济组织)和非国有投资主体(指集体企业、私营企业、其他非国有经济组织和个人)。国有投资主体和非国有投资主体可以单独或者联合投资民用航空业,但本规定有明确限制的应当符合其要求。民用运输机场是自然垄断部门,鼓励各国内投资主体多元投资,非国有投资主体可以参股,但是各省(自治区、直辖市)政府所在地机场以及深圳、厦门、大连、桂林、汕头、青岛、珠海、温州、宁波等九个城市的民用运输机场应当保持国有或者国有控股。

2012 年 7 月,国务院发布了《关于促进民航业发展的若干意见》(国发〔2012〕24 号),提出:主动适应、适度超前的发展原则;完善财税扶持政策,加大对民航建设和发展的投入,中央财政继续重点支持中西部支线机场建设与运营;加强民航发展基金的征收和使用,优化基金支出结构。

在这些政策的支持下,吸引了社会资本参与枢纽机场、干线机场的直接投资和股权收购。尤其是一些机场集团为加强区域经营能力,收购区域内多个机场的股权或兼并联合;一些航空公司参与了一些与公司航线业务开展密切的主要机场的股权投资(比例有限制规定);一些省成立了省机场集团公司,统筹省内各机场的投资建设和运营管理。除了支线机场以外,枢纽机场、干线机场基本上形成了多元化的股权投资与收购兼并的投资运营格局。

2003 年 3 月,负责厦门机场运营的厦门国际航空港集团有限公司以高达 90%的控股权成为福州长乐机场的大东家,为国内首起机场与机场之间通过商业运作重组成功的案例。随后,福建省连城县国有资产经营有限公司与厦门国际航空港集团有限公司签订了连城冠豸山机场资产划转合同,连城冠豸山机场由地方政府建成后无偿划转给厦门国际航空港集团有限公司经营,此举开创了中国民用机场建设及运营管理的新模式。2011 年 5 月,厦门国际航空港集团又顺利完成了对武夷山机场股权的收购,出资 1.98 亿元收购了武夷山机场 65%的股权。

2002 年底,首都国际机场集团收购天津滨海机场;2003 年 9 月斥资 2.4 亿元参股沈阳桃仙国际机场股份有限公司,占 35%的股份;2004 年 3 月斥资 3 亿元收购了湖北机场集团,一并获得武汉天河机场 51%的股权及恩施许家坪机场的全部股份;随后又收购重庆机场集团公司、贵州机场集团有限公司、吉林省民航机场集团公司,托管内蒙古民航机场集团、黑龙江省机场管理集团。到 2008 年,该集团控股、参股、托管的大小机场共达 31 家。

2004 年 6 月,海航机场集团斥资 4 亿元人民币,从宜昌市政府手中取得三峡机场 90%的股份,宜昌市政府占有余下的 10%股份。通过兼并收购,目前海航机场集团旗下已经拥有海口美兰国际机场、三亚凤凰国际机场、宜昌三峡机场、甘肃机场集团(兰州、敦煌、嘉峪关、庆阳)、潍坊南苑机场、东营永安机场、满洲里西郊机场、安庆机场、百色机场等10多家成员机场。其中,美兰机场通过资本运作,实现在香港H股上市。

2005年,深圳机场参股成都双流机场21%股权。

2005年4月,香港机场管理局出资19.9亿元,获得了杭州萧山国际机场有限公司35%的股权,浙江省政府国资委则以价值36.959亿元的净资产,占有65%的股权。

2007年2月,新加坡樟宜机场注资10.8亿人民币,收购南京禄口机场29%的股权,正式入主南京机场。

2008年9月,德国法兰克福机场出资4.9亿元人民币入股西安咸阳国际机场,与西部机场集团、中航集团共同组建西安咸阳国际机场股份有限公司。法兰克福机场拥有24.5%的股权。

此外,航空公司也开始入股机场。2007年1月,深圳航空以1000万元拿下常州奔牛机场90%的股权,入主常州机场。2007年12月,深圳航空以无形资产及现金1700万元出资占有70%股份,入主遵义新舟机场。2008年10月,南方航空以参股方式投资辽宁机场集团,共购得辽宁机场集团40%的股份。

总体上,机场属地化管理后,机场的建设发展虽然给地方带来更大的财政压力,但充分调动了地方建设发展机场的积极性,机场的建设发展与投资模式由过去以中央政府为主,转为了以地方政府推动为主,中央政府预算内资金支持和民航专项基金补助为辅。地方政府安排的财政资金和企业自筹资金的比例提高,并通过股权融资、合资、合作经营等多元化手段筹集所需要的资本金,其余资金通过银行贷款、国外政府优惠贷款、企业(公司)债券等债务融资方式解决。比如,中国内地第一家中外合资机场——萧山国际机场的二期扩建工程,就是由杭州萧山国际机场合资公司(杭州萧山国际机场有限公司以全部净资产出资,约合人民币36.959亿元,占合资公司股权的65%;香港机场管理局以港币现汇方式出资19.9亿元,占股权的35%)的合资双方共同投资建设。

4.机场投资的主要资金来源构成

目前,机场建设的资本金来源主要是中央投资、地方政府投资、机场企业自筹等,中央政府投资中包括民航发展基金和国债。枢纽和干线机场大体的投资结构(不同机场有较大差别)是:资本金约占50%,其中,地方政府投资、中央投资、机场企业自筹约各占1/3;债务融资一般占50%左右,机场企业作为融资主体。支线机场实行100%的全额资本金覆盖。

“十一五”期,全国机场基本建设项目投资合计1900亿元。其中,机场企业自筹(包括融资)及其他投资1230亿元,地方政府投资340亿元,中央投资330亿元。在中央政府投资中,民航发展基金为240亿元,国债为90亿元。

目前,大型机场、主要干线机场相对具有较好的收入和一定的盈利能力,部分建设投资大、吞吐量未达预测的机场经债务优化和重组后维持正常经营基本没有问题。但是,许多支线机场需要地方政府补贴和民航发展基金支持,才能维持正常经营。截至2011年底,我国共有颁证运输机场180个,合计盈利53亿元。在这些机场中,亏损的机场135个,其中中小机场占87%,共119个,亏损合计约为20亿元。机场虽然是作为企业来运营的,但它又不完全是企业,所以不能仅以企业的角度考量机场是否亏损。一个地方建设机场除了考虑是否盈利以外,还应该看它对地区经济发展的综合带动作用。中国民用航空局局长李家祥曾在多个场合指出,不能单纯看盈利情况,而要从当地经济社会发展角度看待机场的综合效用。尤其是那些覆盖了全国70%以上县域的中小机场,对地区GDP的贡献以万亿计。

第二节　当前投融资体制引发的问题

(一)交通投资规模迅速膨胀,中长期规划项目大幅提前建成

随着交通基础设施建设越来越被视为是改善地方交通条件和投资环境、提升发展能力、拉动地方GDP增长以及彰显领导者政绩的重要手段,地方政府对加快交通建设热情高涨,想方设法争取将更多的项目列入开工计划,并通过收费还贷政策、交通专项基金、企事业自筹、银行贷款、社会融资等各种手段积极筹集资金,以致各地交通项目投资规模不断攀升。相互攀比更是进一步刺激了各省交通投资的快速增长。

2008 年世界金融危机爆发后,我国政府采取了四万亿元投资保经济增长的政策,其中大部分投入到了交通基础设施等建设上。在国债、财政资金、银行贷款等各种资金大规模投入的支持下,大大地刺激了交通总投资规模的迅速增长。公路投资从 1997 年后快速增长,1996 年为 668.7 亿元,1998 年大幅增长到了 1511.6 亿元,2008 年达到了 6959.1 亿元,随后一路飙升到 2012 年的 1.24 万亿元;铁路固定资产投资从 2005 年开始快速增长,2004 年为 901.4 亿元,2005 年快速增长到 1364.3亿元,2008 年为 4168.4 亿元,2010 年达到 8426.1 亿元,2011 年因受 7・23 甬温线动车事故影响下降到 5906 亿元,2012 年完成了 6300 亿元。根据国家统计局公布的数据,2012 年交通运输、仓储和邮电业固定资产投资总额达到 30296 亿元,占到全社会固定资产投资总额的 8.3%。

交通建设资金投入的增长速度远远超出了 5~10 年前的预期,原有规划的交通建设目标被大幅度提前完成。2004 年批准的国家高速公路网规划目标将提前 15 年实现,2004 年批准、2008 年调整增加后的国家铁路网规划目标也将会提前 5 年左右完成。

国家高速公路网规划 2004 年由国务院常务会通过,计划用 30 年时间建设"7918"网 8.5 万公里的国家高速公路。在扩大内需等政策支持下,各省对高速公路的建设非常重视,加上高速公路投资建设采取的是收费政策,具有现金流和投资回报,在相应筹资措施(包括土地开发补偿等措施)的配合下,吸引了大量的资金投资经营,使得高速公路建设步入了快速发展期。到 2012 年底,全国高速公路通车里程达到了 9.62 万公里,其中国家高速公路通车里程 6.80 万公里,已完成国家高速公路网规划目标的 80%,其他规划的线路也都已开工在建。预计"十二五"期末"7918"网将基本建成。为此,交通运输部在 2011 年开展编制《国家公路网规划》,对国家高速公路网里程、普通国道网里程以及布局进行调整修编。2013 年,国务院批准了国家发展改革委会同交通运输部编制的《国家公路网规划(2013年—2030 年)》,新规划的国家高速公路网由 7 条首都放射线、11 条北南纵线、18 条东西横线,以及地区环线、并行线、联络线等组成,总里程约 11.8 万公里;此外,还规划了远期展望线 1.8 万公里,合计 13.6 万公里。新规划的普通国道网由 12 条首都放射线、47 条北南纵线、60 条东西横线和 81 条联络线组成,总规模约 26.5 万公里。各个省也都对各自的高速公路网规划进行了编制或修编,包括地方高速公路在内的里程规模大大超过国家高速公路规划的里程规模。

《中长期铁路网规划》2004 年由国务院批准通过。根据这一规划，到 2020 年的铁路里程为 10 万公里，“四纵四横”客运专线和城际铁路 1.2 万公里。由于实际发展速度加快，大大超过原来的判断和测算，不得不在 2008 年进行了规划调整。调整后的规划目标是：到 2020 年，铁路里程达到 12 万公里以上，“四纵四横”客运专线和城际铁路 1.6 万公里。此后，随着国家加大综合运输体系结构优化调整，支持铁路加快发展，各省对铁路（尤其是客运专线、城际铁路）的建设热情高涨，铁路投资规模进一步增长，规划的项目相继被提前安排开工建设。到 2013 年底，铁路营业总里程达到了 10.3 万公里，其中高速铁路里程达到了 1.1 万公里。根据目前的项目开工和在建情况，预计中长期铁路网规划的 2020 年目标将在“十二五”期末基本实现。

（二）交通债务规模不断上升，高额债务对政府构成较大偿债压力和一定的债务风险

自从允许交通基础设施可以使用贷款建设，以及实施项目资本金制度以来，可收费和经营的交通基础设施项目（收费公路、铁路、港口、机场）基本上都是采用资本金+债务融资的方式进行建设，债务融资（主要是银行贷款）占项目总投资的比例一般都达 50%～65%（甚至在一些项目中部分资本金来自变相的银行贷款），其中“贷款修路、收费还贷”是最典型的模式。贷款资金的使用成倍扩大了交通基础设施建设的资金来源和投资规模。

在交通基础设施的投资建设中，除了港口、收益较好的部分高速公路项目吸引社会资本投资为主以外，其他项目都需要以政府为主进行投资建设或政府提供其他支持条件（如一些高速公路项目采取投资补助、土地转让和开发等）吸引社会资本进行投资经营。政府除一部分交通专项资金和少量财政预算内资金用于交通项目资本金以外，基本上都是采取银行贷款和发行债券的方式筹集建设资金。随着每年大规模的项目上马，政府性交通债务规模不断累积增大，资产负债率快速上升。高债务规模、高负债率形成了政府较大的偿债压力和一定的债务风险。尤其是在大量经济效益较好的骨干项目建成后，新项目的投资边际效益递减，收入和盈利能力降低，短期内依靠项目本身的现金流和利润偿债越来越困难。

1.铁路

根据中铁总公司发布的2013年三季度审计报告显示,截至2013年9月底,总资产4.84万亿元,负债3.06万亿元,资产负债率上升到63.2%,税后利润为-17.31亿元。

原铁道部以负债方式高速扩张,在短时期内提升了中国铁路交通系统的水平,并建立起了高速铁路系统。但同时,过于庞大的负债规模也造成了巨大的负担。2003年末的负债水平为40%,2008年超过46.8%,2012年底达到61.81%。

在铁路各种融资方式中,银行贷款和债券融资所占的比例最大。例如,截至2012年底,原铁道部的负债合计为27925.62亿元,其中流动负债5798.76亿元,长期负债22126.86亿元。在长期负债中,1.4万多亿是银行贷款,7500亿是铁道部发行的债券(其中铁路建设债券6220亿元、公司债券90亿元)。长期贷款和铁路债券基本上都投资于基础设施建设。

由于原铁道部对铁路建设项目的银行贷款采取的是"统借统还"方式,由铁道部集中向银行统一协调贷款额度和贷款利率,由此造成了铁道部债务规模大、偿债压力大等问题。2011年和2012年铁道部还本付息额分别高达2753亿元和2368亿元,未来几年还会进一步增加。同时,工、农、中、建、交五大银行对铁道部贷款均已接近或超过单一集团客户授信集中度不得超过15%的监管目标值。

根据中铁总公司测算,2013年付息额高达1300亿元,随着原有建设项目进入还本期,还本资金需求也将逐年增加。2013年铁路经营仅实现盈亏平衡,虽然从目前铁路的经营和下一步的运价调整来看,在国家对铁路公益性运输实施补贴以及相关部门的统筹协调的支持下,还不会出现偿债问题,但债务压力巨大,有一定的风险性。国家审计署2013年底公布的《全国政府性债务审计结果》提到,如果中铁总公司出现偿债困难,政府可能承担一定的救助责任。

2.公路

公路债务主要由收费公路形成,非收费公路也有部分使用银行贷款。根据交通运输统计汇编资料,2010年全国公路建设使用银行贷款为4059亿元,其中路网改造项目和农村公路使用银行贷款分别为1056亿元、101亿元。根据交通运输部等五部门联合下发的《关于开展收费公路专项清理工作的通知》,经统计汇总,截至2010年底,全国收费公路15.5万公里,其中高速公路7.36万公里、一级路2.61

万公里、二级路 5.43 万公里、桥梁和隧道约 0.1 万公里;全国收费公路债务余额为 2.29 万亿元,其中银行贷款余额达 2.07 万亿元(占 90%),债券、有偿集资等共 0.22 万亿元,总体资产负债率为 64%。根据 2011 年和 2012 年新建成的收费公路以及既有收费公路的债务偿还估算,目前全国收费公路的债务余额超过 3 万亿元(国家相关部门未进行新的统计和公布新的数据)。

在 2010 年的收费公路债务余额中,政府还贷公路债务余额为 1.18 万亿元,占 51.7%,其中高速公路债务余额 0.91 万元;经营性公路债务余额为 1.1 万亿元,占 48.3%,其中高速公路债务余额 1.01 万亿元。根据国家审计署 2013 年底公布的《全国政府性债务审计结果》,至 2013 年 6 月底,地方政府性债务余额支出投向中,交通运输设施建设中政府负有偿债责任的债务为 13943.06 亿元,政府负有担保责任的债务 13188.99 亿元,政府可能承担一定救助责任的债务 13795.32 亿元。

根据对部分省(自治区、直辖市)的高速公路经营状况调研的结果,以往建成的高速公路经营效果较好,具有较强的还本付息能力,而新建高速公路大部分项目经营状况不及预期,在建成通车后四五年内通行费收入不能完全覆盖经营成本、养护维修、还本付息的资金需求,需要统筹新老项目的通行费收入用于还贷,或采取贷新还旧的办法。部分省(自治区、直辖市)由于新建高速公路项目较多、较集中,而且建造成本上升较多,同时交通量和通行费收入不及预期,偿债压力加大。如云南省通行费收入扣除公路管费支出后远不足以支付贷款利息,2012 年不得不提高通行费收费标准。根据 2011 年对全国高速公路债务统计的资料分析,情况也基本一致。2010 年全国高速公路通行费总收入为 2867 亿元,其中高速公路收费额约为 2444 亿元。而同年全国还本付息为 1834 亿元,收费公路养护费用支出为 462 亿元,各种税费以及运营管理等支出为 1149 亿元,合计为 3445 亿元。也就是说,高速公路的年收费额与所需要承担的成本支出和偿还贷款本息之和之间存在着五六百亿元的缺口。

地方政府还面临着取消二级公路收费后的债务偿还问题。2009 年 2 月,国务院办公厅关于《转发发展改革委、交通运输部、财政部逐步有序取消政府还贷二级公路收费实施方案的通知》提出,国家每年从成品油价格和税费改革后新增的成品油消费税收入中安排 260 亿元专项补助资金,用于债务偿还、人员安置、养护管理和公路建设等。在债务偿还期间中央补助各省(自治区、直辖市)的资金总量,以其锁定的债务余额为基数，按照东部地区不超过40%、中部地区不超过50%、西部地区不超过60%的比例进行封顶控制。2010年，全国收费二级公路的债务余额为6437亿元，其中政府还贷型二级公路债务6334亿元（不含西部地区在建项目的债务），经营性二级公路债务137亿元。到2013年，除了新疆、青海、甘肃、宁夏、内蒙古、广西等省（自治区）尚未全部取消二级公路收费以外，其他省（自治区、直辖市）已全面取消了政府还贷二级公路收费。但是，根据调研，各省在取消政府还贷二级公路收费的债务偿还中出现了较大困难，目前中央的专项补助资金仅够（有的省甚至不够）偿付债务利息；许多省本应承担的债务偿还配套资金没有落实，债务本金缺少资金偿还。据了解，已取消二级公路收费的债务年利息约为400亿元左右，已超过了中央专项补助资金260亿元的规模，需要进一步提高中央专项补助资金的规模才能较好地解决债务偿还问题。

3.港口

港口基本上都是以经营性项目进行投资建设，由企业（代表政府进行投资的港务集团公司也是企业性质）以独资、联合投资、股份制等形式进行投资经营，项目融资主体是企业。因此，港口项目投资建设一般不直接构成政府债务。

4.机场

我国机场投资规模与公路、铁路相比所占比例较小，"十一五"期全国机场总投资合计1900亿元，2011年和2012年全国民航基础设施固定资产投资分别完成690亿元和720亿元。国家相关部门没有公布机场债务方面的统计数据。在机场项目建设中，虽然政府是推动的主体，但是枢纽机场和干线机场是以经营性项目和公司制、股份制的方式进行投资建设，以公司作为向银行借款的主体。因此，除了民航发展基金和地方政府投入的资金以外，其他的都是以机场公司或机场集团公司自筹的方式解决，不直接构成政府的债务。对于支线机场建设，现在已要求采取100%的资本金，除了一些通过平台间接、隐性借入资金作为政府出资的资本金以外，一般也不直接形成政府债务。

（三）引发了对交通建设发展速度和投融资体制问题的较大争议

随着我国交通基础设施的快速发展，高速公路、高速铁路通车里程已居世界第一，交通基础和发展水平大大提高，基本适应了国民经济和社会发展。但与此同时，短时期内交通的巨大变化、大规模的基建投入、不断攀升的交通债务规模、部分高等级基础设施利用率不高、交通和物流成本增大、在建和待建规模庞大等一系列问题，引发了社会相当一部分专家、学者、新闻媒体等对交通发展是否太快、太过超前的争论。其中，最具代表性的是中科院《关于避免我国交通建设过度超前的建议》，认为目前我国高速公路建设过度扩张甚至失控，许多地区的高速公路网密度已远高于欧美等发达国家；许多建成的高速公路交通量小，尤其是中西部地区的高速公路；沿海港口发展规划和建设出现严重的不合理竞争，规划建设的总规模呈“大跃进”态势；高速铁路建设太过超前等。

地方政府和交通运输业界的许多官员、专家、学者、研究机构等认为，我国交通基础设施还不足、网络不完善，还未从被动适应需求转向适度超前、主动适应未来经济社会和城镇化发展的要求。交通基础设施具有“先行投资建设，长期受益”的特点，需要根据未来一定时期的交通需求规模和技术现代化的要求，适度超前建设。少数高速公路、高速铁路在建成初期交通运输量较小，符合交通运输量生成和发展的一般规律，随着整个通道的贯通和互联互通网络的形成，交通运输量将会快速增长，这在许多路段和线路已得到实践证明。此外，交通基础设施的合理布局与建设发展，还需要考虑其他许多功能作用和社会经济效益，不能仅以交通量大小和项目本身的财务效益的好坏评价。

这些争论的焦点是：我国到底需要建多少高速公路、高速铁路、港口、机场等交通基础设施；以政府为主的交通投融资体制，造成了为了政绩、不讲经济效益地追求多上项目、上高标准大项目等现象。如果是完全按市场化形式由社会资本投资运营、自负盈亏，争议也就不会这么大。总之，以政府为主导的交通投融资体制在较快改善我国交通基础设施落后状况方面起到了非常重要的作用，但同时也产生了很多新问题急需解决。

（执笔人：罗仁坚　罗诗屹）

第三章

深化交通基础设施投融资体制改革的必要性

内容提要

我国交通基础设施网络目前正处于网络提升与完善的第三发展阶段，是交通建设从被动适应转向适度超前发展，提高交通基础设施层次和现代化水平的重要阶段。交通投资规模还将继续维持在高位水平。现行投融资体制下的政府性资金筹资渠道和融资模式无法支撑这样的投资要求，必须进行投融资体制改革。以中铁总公司为主导的国家铁路建设体制面临驱动力减弱等问题。考虑到改善民生需要，政府将加大对公益性项目的投资，并进一步明确政府与市场的分工。

第一节　经济社会发展对交通基础设施建设发展的要求

（一）我国当前交通基础设施建设所处的发展阶段

20 世纪末以来的交通基础设施建设的快速发展，使得交通基础设施网络中长规划目标提前实现，有力地支撑和保障了经济社会的持续快速发展，与经济发展翻两番目标提前实现基本同步。当前，我国交通基础设施网络布局和结构还处于快速发展期，无论是总量规模、空间布局和网络化水平，还是主干网络和基础网络的技术水平及功能等，距完善成熟期的要求还有相当的距离，还有很大的发展空间。即使到了“十二五”期末总体适应国民经济发展要求及局部略有超前，也仅是一种较短时点的暂时平衡，很快将会被打破。

1.发展阶段划分

交通基础设施的建设发展一般可以分基本线路连通覆盖、基础骨架网络初步形成和加速发展、网络层次提升与完善、成熟稳定四个发展阶段。基于不同的基础，每一个阶段中的目标任务和重点都不相同，所要达到的技术标准和服务水平也各不相同，建设投资规模和增速基本上是由低规模中速增长→中规模快速增长→高规模平稳增长→中低规模稳定或下降。

我国交通基础设施建设已经历和基本完成了前两个发展阶段。在前两个发展阶段中，主要是线路的连通覆盖与延伸，项目数量多，但技术等级一般要求不高，高等级基础设施所占的比例较低，以通为主。在此期间，随着经济发展和市场的扩大，货物、人员交流的增长，对于加大投资、增加基本网络、加快项目实施的要求强烈，交通投资规模占全社会基本建设总投资的比重逐步提高，但交通投资总额总体处于较低量级水平。

目前我国交通基础设施正处于网络提升与完善的第三发展阶段，是交通建设发展从被动适应转向适度超前发展，提高交通基础设施层次和现代化水平的重要阶段。在这一阶段，一方面是重点发展高技术等级、快速、大能力的骨干网络，另一方面是改善和加密基本网络、提升整体水平和普遍服务水平。这一时期的交通发展，关系到未来长久的交通网络形态和结构层次水平，以及总体交通能力、速度、效率、多样化的供给组合等。一大批重大交通基础设施项目都要按照未来网络需求进行布局和按照永久性的标准需要进行规划建设，具有项目工程规模大、技术等级高、投资需求大的特点。同时，需要对既有基础设施网络系统进行大的改造升级，涉及的范围广、项目多、规模大，是一个全面性的大系统工程，总投资需求巨大。对于时间进程的要求，是既迫切又具有弹性。在此阶段完成后，总体网络将趋于完善并进入成熟稳定发展阶段，届时的建设发展强度和投资需求将大大减小，任务重点将主要是对既有设施网络的养护与维修，保障正常运行。

2.影响各阶段交通建设发展的主要因素

交通基础设施的建设具有阶段性特征。在经济发展水平较低时期,由于受经济实力和投资体量规模的制约,交通基础设施建设基本上都是被动地适应经济社会发展和客货运输增长的需求。随着经济发展水平和经济实力提高后,可以有条件和能力加快交通基础设施的建设发展,根据交通基础设施的先导性功能作用和未来网络发展规划逐步转向适度超前发展,发挥交通基础设施对城镇空间结构、产业布局、人口分布、资源开发等的引领性作用。此外,工程技术进步和项目造价、运输需求的增长速度也会很大程度地影响交通基础设施各阶段的发展速度和项目安排。

(1)经济社会发展水平对交通建设发展的影响

不同经济发展水平下,对交通基础设施类型和强度的要求有着较大的差别,普遍存在着从低级到高级、从简单联络到网络整体、从单一方式到多样化组合、从满足当前需求为主到成熟型发展的过程。例如,我国交通在20世纪80年,主要是要求"走得了"、有基本线路覆盖、能通车;随着经济发展水平和人们生活水平的提高,对交通的要求还要"走得好"、要便捷、要安全;到了目前更是要求快速、舒适、有多种交通方式可供选择。许多相关的研究表明,人均GDP在1000美元以下、达到3000美元以上以及突破10000美元的不同经济发展阶段,对交通的服务与支撑要求的差别是非常显著的,这从发达国家与发展中国家的差别就可以直接看出。经济发展和城市化水平越高对交通基础设施在规模、能力、速度、机动性、保障性、服务水平方面的要求也就越高,对交通基础设施的功能要求和强度支撑要求也越高。

经济实力影响交通基础设施的投资能力和投资规模。需求是驱动力,经济实力是进行大规模投资的基础和保障。单有需求,投资跟不上,只能是慢速度地逐步发展改善。只有在拥有足够经济实力的条件下,才有可能集中较大规模的资金支持较快的发展。因此,交通基础设施的建设发展需要与经济社会的发展水平和发展阶段相适应、相协调。

(2)工程技术进步和项目造价对交通建设发展的影响

项目工程难易与造价水平是影响项目布局规划方案、技术标准选择、实施时间安排等的重要因素。例如,以往隧道、桥梁技术落后,建造成本过高,只能被迫地选择绕行或盘旋方案，以及降低技术等级等。随着我国桥梁技术、隧道盾构技术等的进步，建造成本的相对下降，桥梁、隧道方案被大量采用，不仅优化了线路布局和推动了高技术等级设施的更广泛建设，而且也大大加快了许多项目建造的时间，缩短了建设施工期。原来许多有难度的项目在新技术的支持下被顺利推进实施。项目的单位造价成本也是影响交通基础设施规模和发展速度的重要因素，影响着项目投资的经济效益和投资决策，影响着项目建设资金筹措的难易程度和其他项目的建设安排。在一定时期内，单位造价越高，所能建设的交通基础设施数量就越少。而项目造价的高低不仅取决于工程结构和工程量等硬性衡量指标，还受劳动力成本、原材料价格、征地拆迁费等上涨的影响。

(3)交通运输需求的增长速度对交通基础设施建设发展的影响

交通运输需求的现时规模、增长速度、需求特征及变化决定和影响着交通基础设施项目建设的必要性和项目建设时机。由于交通基础设施建设周期相对较长，基本上是一次建成、长期使用，需要较早安排投资建设。由于我国人口基数大、密度高，GDP 规模大、单位运输量高，交通总需求的基础规模大、强度高，而且正处于快速城市化和快速经济发展过程中，在当前以及未来相当长一段时期内的交通需求增长是较快的，对项目建设安排需要有一定的超前量，才能做到交通运输能力不会过度紧张和较好地满足不断增长的客货运输在数量和质量上的要求。

(二)交通基础设施建设与经济社会发展的关系

交通基础设施最主要的功能是联络和克服空间阻隔，使资源、产品、人员等实现位移流动。交通基础设施网络的建设发展，使人类可以更广度地利用和调动资源，通过大规模资源和产品的运输位移，促进大型产业集群的产生和生产效率的大幅度提高，促进城市和城市群的形成与发展，同时促进人们活动范围的扩展和先进生产力、技术、信息的传播，提高发达地区、中心城市的辐射带动作用，形成集聚与辐射带动作用关系。

交通的发展和改善，尤其是大能力、高等级、快速化的交通基础设施的发展可以有效地改变地区区位和发展条件，提高产业布局和产品市场的竞争能力，有效地改变人们度量空间距离的时间尺度、空间观念和以空间距离所做的选择，促进区域一体化发展和优势互补、资源共享关系的建立。

改革开放三十多年的交通快速发展，逐步改变了我国交通基础薄弱、发展滞后、严重制约国民经济发展的状况，使交通基础设施基本适应了国民经济发展的要求。到2012年底，全国铁路营业里程达9.8万公里，居世界第二，其中高速铁路里程达9356公里，居世界第一；高速公路里程达到了9.7万公里，居世界第一；万吨级及以上泊位达1700多个，货物吞吐量亿吨级以上港口中的8个港口货物吞吐量进入世界港口前十位，6个港口集装箱吞吐量进入世界港口前十位；全国民用机场数达到180个，北京首都国际机场旅客吞吐量排名世界第二。但是，根据前面对我国当前交通基础设施建设所处的发展阶段的判断，从当前和今后一个时期我国经济社会发展的趋势及交通运输自身发展的规律看，我国交通基础设施仍处于大规模建设、加快网络完善的重要发展时期，还需继续保持一定较快发展速度，才能做到较快完善网络、优化综合运输体系结构、改善地区发展不平衡的状况，适应经济和城镇化快速发展的要求。

（三）未来经济发展对增加交通基础设施供给的要求

交通运输是经济发展和人们生活的基础性服务产业，经济社会发展以及人们生活质量的提高需要有交通便捷、运输能力相对宽松的交通网络作为支撑。虽然我国当前交通条件有了很大改善，但地区间发展很不平衡，运力供给区域性结构矛盾比较突出，运输能力对需求的适应刚性强、富余弹性小，网络规模和能力还不能适应未来客货运输需求较大规模增长的要求，以及人们对交通运输快速、便捷、舒适、多层次、多样化的要求。

我国经济还将在较长时期内继续保持较快增长。党的十八大提出，确保到2020年全面建成小康社会，在转变经济发展方式取得重大进展，在发展平衡性、协调性、可持续性明显增强的基础上实现国内生产总值和城乡居民人均收入比2010年翻一番。也就是说，从现在开始到2020年的年经济增长率平均会在7.2%以上，一般预测会在7.5%左右。许多专家预测，2025—2030年我国经济总量将超过美国，成为世界第一大经济体，进入中上收入发达国家，城镇化率达到70%。经济总量和发展水平以及城镇化水平的大幅度提高，将带动交通运输需求的继续较快增长，尤其是城市交通运输需求、城际交通运输需求、区域间干线交通运输需求将会快速增长，不仅要求有更大规模的交通运输保障能力，而且要求有更加安全、快速、便捷、舒适的服务品质。

尽管未来交通运输需求总量与国民经济增长的弹性系数会逐步有所下降，但仍会继续保持较快的增长。1980—2010 年的 30 年间，我国客运量增长速度与 GDP 增长速度之比弹性系数为 0.78，货运量弹性系数为 0.61，其中近 10 年的弹性系数分别为 0.79 和 0.87（表 3-1）。随着转变发展方式和经济结构调整、产业转型升级，未来货运需求的弹性系数会逐步降低。但据多部门预测，未来十年货运量弹性系数仍会保持在 0.5 的水平之上。客运量弹性系数随着城镇化的加快发展、城际交通和都市圈交通的快速增长，仍会达到 0.7 左右的水平。同时，由于小汽车在城乡的拥有率提高，同样规模的客运量所形成的公路交通量将比以前增多。

1980—2010 年客货运输需求增长弹性系数 表 3-1

年　份	旅客周转量弹性系数	客运量弹性系数	货物周转量弹性系数	货运量弹性系数
1980—1990	1.02	0.92	0.87	0.64
1990—2000	0.78	0.64	0.52	0.33
2000—2010	0.82	0.79	1.18	0.87
1980—2010	0.86	0.78	0.85	0.61

（四）城镇化快速发展对交通基础设施建设先行的要求

城镇化是人类社会发展的必然趋势，是推进工业化的有效载体，是衡量一个国家现代化程度的重要标志。李克强总理反复强调城镇化是扩大内需的最大潜力所在，未来几十年最大的发展潜力在城镇化，城镇化是中国现代化进程中一个基本问题，是一个大战略、大问题。

2012 年，我国以常住人口计算的城镇化率已达 52.57%，比 2011 年提高 1.3 个百分点，当前和未来一二十年将是我国城镇化的快速发展期。根据国家发展改革委宏观经济研究院《迈向全面建成小康社会的城镇化道路研究》等相关研究成果，目前城镇化发展存在着“两个滞后，三个不协调”的突出问题：即：城镇化滞后于工业化，人口城镇化滞后于土地城镇化；东中西部城市发展不协调，大中小城市与小城镇发展不协调，城镇发展与资源环境承载能力不协调。到 2020 年，我国城镇化率将达到 60%左右。到 2040 年，我国城镇化水平将达到 70%～75%，并可能是我国城镇化的峰值，按届时全国预计总人口 14.7 亿计算，我国城镇人口将超过 10 亿人。2013 年 12 月在京召开的中央城镇化工作会议讨论了国家发展改革委会同相关部门编制的《国家新型城镇化规划》，有关部门根据会议讨论情况做出修改，预计将在 2014 年上半年颁布，并将成为我国城镇化发展的重要指导性文件。

根据规划确定城镇化发展方向，新型城镇化建设坚持以人口城镇化为核心，以城市群为主体形态，以综合承载能力为支撑，全面提升城镇化质量和水平；着力优化城市化布局和形态，培育并引导城市群发展，完善大中小城市结构，强化综合运输交通网络的支撑，优化城市群内部的城市分工协作。

高效便捷的交通基础设施网络和交通运输服务是城市布局形态优化和城市群发展的基础支撑和先导。构建适应城市群发展和城际交通要求的以城际轨道交通和高速公路为骨干、以国省干线公路为补充的城市群内多层次城际快速交通网络是下一个五年的建设发展重点，同时，城市轨道交通、市域（郊）铁路也是支撑城镇化发展的重要内容。因此，新型城镇化建设发展对交通基础设施的建设需求是下一期交通发展的主要任务。

第二节　下一时期交通基础设施建设发展的投资需求

（一）我国交通基础设施建设发展所要达到的目的

1.能够较长期有效满足不断增长的交通运输需求

交通基础设施整体网络规模和能力的发展，在满足现时需求的基础上，必须考虑交通运输量随社会经济发展和人们生活水平提高而不断增长的长远总量需要、多样化需求，必须对系统进行总体统筹规划和适度超前建设。

2.较大力度地增强对经济社会和城镇化发展的支撑与引领

交通基础设施是经济社会发展和空间布局的重要功能性基础设施，要通过较大力度的总体建设发展和重点大型项目的建设实施，增强交通基础设施的基础性支撑与引领性作用，保障经济社会又好又快发展，促进和引导城镇化、区域一体化的建设。

3.构建布局完善的交通基础设施网络,促进区域协调发展和国土开发

要在已有基础上,着眼长远发展,根据需求增长和网络自身完善发展的需要,在现有交通网络发展与格局的基础上,通过重点布局和建设,构建与区域协调发展战略、国土开发、国际区域合作发展要求相适应的布局完善的全国交通基础设施网络,保障东部发展需要,促进中西部加快发展和国土开发,引导产业、人口合理分布,优化经济地理格局,提升各区域发展能力和竞争力。

4.构建和强化现代化快速骨干网络,提升交通以及社会运行效率与效果

要以打好基础,建设现代化先进设施和适应未来发展要求为指针,加强骨干网络的高等级化构建,提升功能和运行速度,带动交通整体运行效率和发展水平的提高,缩短城市间、区域间的时间距离,促进城市群、城市圈发展以及全国经济地理空间格局的重构与优化。

5.支持强国发展战略和提升国际竞争力

在全球化不断增强的国际发展环境下,交通运输已超越了其传统的产业概念和意义,成为经济发展和国家竞争力的关键领域,是社会经济发展与繁荣、政治稳定、区域协调、社会公平、资源以及生态环境平衡、国际参与能力与竞争力以及获取国际资源的战略性要素,是支持经济强国、贸易强国、国防强国的重要条件。现在和未来交通基础设施网络的布局与建设必须要服从和支持强国发展以及提升国际竞争力的战略需要,较大范围和力度地提升覆盖与延伸、机动性与效率、保障能力与经济性。

(二)下一时期交通基础设施建设发展的指导思想

总的指导思想是:在已取得基本适应经济社会发展的巨大阶段性成果的基础上,为了使交通基础设施为经济和城镇化发展创造更有利的发展条件,以及满足人们不断提高的质量要求,还必须较大力度地对交通基础设施持续建设一段时期,再上一个新台阶,使整体网络趋于布局完善、结构合理、能力较为充足、运行安全快捷、系统经济高效。

(1)贯彻适度超前,发挥交通基础设施的先导性作用

根据交通基础设施布局决定其他空间布局和设施建成后永久使用的特点,在综合运输体系中长期总体规划的指导下,按照现行发展的客观要求和"适度超

前原则”,对交通基础设施项目进行布局建设,保持合理的建设发展速度,发挥交通基础设施对城镇空间格局、产业布局、城市群发展的先导性、引领性作用。大型交通基础设施项目布局建设和建设标准应充分考虑未来长远需求。

(2)继续利用已形成的较好发展势头,完善和提升网络,减少未来的建设成本

通过几十年的不断努力探索和对交通投融资体制改革以及投资发展环境的建设,较有成效地调动了地方政府以及各方面的积极因素,基本形成了多元投资主体和多渠道的筹融资模式,交通投资规模达到了较高水平。这一成效来之不易,尽管还存在着包括债务高等许多问题。但是,一旦这种发展势头快速滑落,再回升到原有的投资水平就非常困难了。同时,目前已保持了较大规模的建设队伍和施工机械等,如果交通基础设施投资快速滑落,将会造成较大规模的失业和机械设备的闲置浪费。再者,继续利用这样的发展势能,加快推进交通基础设施网络的完善与提升,与以后建造相比可以较大幅度地节约建造成本和较早地发挥交通基础设施的作用。交通基础设施的建造成本随着时间的推移增长较快,过去十年高速公路平均造价增长了1~2倍(如表3-2),铁路造价也增长了1倍左右。

2000—2012年典型线路高速公路建造成本比较 表3-2

线路名称	建设时间	建设规模		总建设费用(万元)	平均造价(万元/km)
		里程(km)	车道数		
京福高速公路江苏段	2000年7月	43	双向四车道	148009	3442
沪苏浙高速公路江苏段	2005年7月	50	六车道	340000	6800
漳州南靖至龙海段	2010年	46.5	双向四车道	353000	7591
六盘水至盘县	2008年	91.01	双向四车道	702000	7713
六盘水至六枝	2012年7月	60.71	双向四车道	625800	10308

资料来源:交通运输部《交通统计汇编》以及调研资料。

(3)加快改善中西部交通基础条件,促进区域协调发展与公平

加快中西部地区对外、对内交通基础设施的改善和升级,较大幅度地缩短与发达地区、沿海港口的时间距离,是保障中西部地区经济赶超发展的重要基础,也是统筹区域协调发展的重要战略措施之一。因此,无论是从创造发展条件的要求还是公平的角度,都应该利用现有的发展形势加大加快对中西部交通基础设施的投资建设。

(4)发挥对经济"短期稳增长、中长期促增长"的投资拉动作用

交通基础设施吸收投资规模大、拉动效应强,在两次金融危机保经济增长中发挥了重要作用。而且,从交通基础设施网络完善的程度和经济社会发展的要求看,交通基础设施建设还有很大的发展空间。在当前经济增长下滑、出口不旺、内需不强的大环境下,继续保持对交通基础设施的较大投资规模,发挥交通投资的拉动作用和交通基础设施的先行引导作用,对于近期经济稳增长、解决就业问题,远期保障和促进经济增长具有积极的意义。

(三)下一时期的交通投资需求

基于2012年的《未来10~15年交通建设投资研究》,根据当前的发展基础和全国以及各省的交通网发展规划,综合经济社会发展对交通网络发展的要求、交通运输需求增长以及结构要求、交通发展战略以及建设资金的可能支持情况等因素,未来的各种运输方式交通基础设施网络发展需要达到和可能达到的规模水平见表3-3。

2015~2025年各类交通基础设施的规模水平 表3-3

运输方式		计量单位	2015年	2020年	2025年
铁路	总里程	万km	约12	14.5	16.0
	快速铁路网里程	万km	4.5以上	6.0	约7.0
	复线率	%	50	60以上	约70
公路	总里程	万km	450	480~490	约510
	高速公路里程	万km	12.0	14.0~14.2	15.5~15.8
	二级及以上公路	万km	65	80~85	98
水运	沿海港口深水泊位	个	2214	2460~2500	2650~2700
	内河高等级航道	万km	1.3	1.5	1.65
民航	运输机场	个	230	300	330-350
	通用机场	个	90~100	150~200	300~400
输油(气)管道里程		万km	15	20	23~25
城市轨道交通运营里程		万km	3000	6000以上	10000以上

注:城市轨道交通运营里程包括城市交通体系的市域铁路。

根据各类交通基础设施目前的建造成本,经测算,"十三五"期的交通投资需

求总规模约为10.6万亿~12.48万亿元,与“十二五”期预计完成投资额相当;“十四五”期的交通投资需求总规模约为9.25万亿~11.22万亿元,比“十三五”期约减少10.1%~12.7%(见表3-4)。

“十三五”期、“十四五”期交通基础设施建设总投资需求(单位:万亿元)　　表3-4

序　号	运输方式	“十二五”期预计完成	“十三五”期投资需求	“十四五”期投资需求
1	公路	6.5	5.0~6.0	4.0~5.0
2	水路	0.68	0.5~0.6	0.45~0.5
3	铁路	2.5	2.5~3.0	2.0~2.5
4	民航	0.4	0.4~0.48	0.4~0.52
5	管道	0.4	0.4	0.4
6	城市轨道	1.3	1.8~2.0	2.0~2.3
	合计	11.78	10.6~12.48	9.25~11.22

注:以2013年价格为基准,未考虑价格上涨因素。城市轨道包括了城市交通体系的市域铁路投资。

第三节　现行投融资体制和模式无法继续支撑高位的投资需求

2010年以来,铁路、公路、水运、民航、城市轨道的基本建设投资总额超过了2万亿元,包括仓储、邮政业在内的固定资产总投资规模2012年达到了3万亿元。根据前面预测,“十二五”期比“十一五”期增加4万多亿元,“十三五”期交通投资需求与“十二五”期基本相当,约为10万亿~12万亿元。但随着项目投资效益的递减和公益性项目的增多,政府所需要承担的资本金出资比例比“十一五”期和“十二五”期要提高很多。同时,随着政府性交通债务的累积,政府筹集的交通专项资金中有相当一部分要用于还本付息,能够投资到项目基建的资金会不断减少。因此,要完成“十二五”期后两年和“十三五”期的交通建设目标和投资规模,必须进行交通投融资体制改革。

(一)政府性资金筹集与投资规模的总体发展趋势

交通基础设施投资主要是以政府投资为主。其中,中央政府投资(或补助)的资金主要来自于征收的各种交通建设基金以及发行的建设债券等,中央财政预算内资金所占比例很小;地方政府投资的资金除少部分来自预算内资金和企事业单位自筹资金以外,很大部分要依靠土地出让或联合开发的方式进行筹集。

从目前和下一个阶段看,中央政府征收的各种交通建设基金的年收入规模还会继续随着完成的汽车销售量、铁路运输量等的增长而增长,但增长速度将大大趋缓,与需求的增长形成较大差距。同样,地方政府在利用既有政策筹集交通建设资金方面也已基本发挥到极致,所能出让的土地越来越少,虽然地方财政可能会增加一定的交通投资资金,但总体数额有限,因此,地方政府进一步大幅度增加政府性交通建设资金的投入也几乎不太可能。而且,随着一大批投资效益好的干线项目的建设完成,下一阶段的交通建设项目投资效益相对较差,银行从贷款风险控制的角度,将会要求贷款项目更高的资本金投入比例(交通基础设施项目的最低资本金比例规定为35%,目前铁路等项目基本上都要求达到50%,甚至更高)。在这样的情况下,同样规模的政府性资金所能投资建设的项目规模和借到的银行贷款将减少。更何况根据交通发展要求和新的形势,政府性资金要减少对收费高速公路的投资比例,提高对公益性交通基础设施项目的投资比例(公益性项目,尤其是非收费公路需要政府全投资,不能从银行贷款,没有杠杆放大作用)。

综上所述,在目前以政府投资为主的交通投融资体制下,既有的筹资渠道和能力所能支撑的总投资规模必将缩减,需另辟蹊径或改革投融资体制。

(二)各种运输方式未来政府性资金筹资能力分析

1.铁路

(1)铁路建设基金

2010年、2011年、2012年的全国铁路建设基金收入额分别为616.92亿元、648亿元、622.5亿元,年增长率很低。未来的铁路基金收入的增长受以下两方面的影响:一是随着既有线路货运能力的释放以及铁路货运组织改革,铁路总体货运能力和货运量将会有一定幅度的增长;二是随着经济结构的转型调整,大宗资源性运输需求增长趋缓(这在2013年已有所反映)。因此,在未来经济发展速度保持7.5%左右的增长和铁路加强市场营销的大环境下,预测2013—2020年铁路建设基金的年增长率约为3%~5%。但是,铁路建设基金用于还贷的规模快速地增加,2011年为52.92亿元,2012 年快速增加到 306.4 亿元,往后还会进一步的增长,导致真正能够用于基建投资的规模估计仅在 300 亿元左右。

(2)铁路建设债券

铁路建设债券是原铁道部和目前的中铁总公司筹集铁路项目建设资本金的主要来源,是以铁路建设基金的收入作为担保发行的。2008 年发行铁路建设债券 800 亿元,2011 年、2012 年分别增长到 1000 亿元和 1500 亿元,2013 年的发行规模也是 1500 亿元。自 1995 年起至 2013 年 6 月底,铁路建设债券共发行 6787 亿元,已兑付 167 亿元,尚未到期 6620 亿元,未到期的铁路建设债券每年需支付利息 310.10 亿元。由于铁路盈利状况不佳,目前一部分的铁路建设债券的还本付息要用铁路建设基金支付。虽然国家发展改革委在 2011 年 10 月明确中国铁路建设债券为政府支持债券,并可享受财政部与国税总局联合出台的税收优惠政策,但债券偿还主要还是依靠铁路项目和铁路行业的盈利。从目前的铁路行业财务状况和新项目的盈利前景分析,随着已发行债券到期规模的增大,未来债券的偿还压力将逐年增大。

2013 年 8 月发布的《国务院关于改革铁路投融资体制加快推进铁路建设的意见》提到,"十二五"期后三年,继续发行政府支持的铁路建设债券,并创新铁路债券发行品种和方式。但是,从实际情况分析,进一步增大发行规模将会有限,截至 2012 年底,发行的铁路建设债券的累积规模已超过我国证券法规定的"企业公开发行债券不得超过其净资产的 40%"的红线,尽管国家发展改革委可能会特批,但年发行最大规模可能也就在 2000 亿元以内。此外,由于铁路盈利不佳,可能会有一部分铁路建设债券用于新债还旧债,真正能够用到建设的规模将在 1500 亿元以下。

(3)中央预算内资金、铁路专项资金、企事业单位自筹资金

2011 年中央预算内资金对铁路运输的支出为 82.53 亿元,2012 年为 604.97 亿元(原预算为 104.59 亿元,后因特殊情况特别增加),2013 年预算为 258.90 亿元。按现有的投资模式,地方政府的预算内资金用于交通投资的增幅和规模也不会增加很多。此外,中铁总公司包括折旧在内的铁路专项资金可用于新项目基建投资的规模也不可能大幅度增加。企事业单位自筹资金由于铁路整个行业盈利能力和盈利水平不高,所能筹集到的数额也非常有限。

总体来看,以现有的铁路资金渠道,支撑每年6000亿元以上的铁路固定投资规模将越来越困难。2012年完成的6340亿元,2013年完成的6600亿元,都是在国家增加财政资金、债券发行规模等措施的支持下完成的。尤其是随着负债率的不断攀升和还本付息额的不断增大,基本上无力加速基建投资。因此,铁路要加快发展,加快综合运输体系结构的优化,迫切需要深化铁路投融资体制的改革。

2.公路

(1)车辆购置税

车辆购置税是公路建设最主要的政府性资金来源。2010年、2011年、2012年征收的车辆购置税收入分别为1792.59亿元、2044.45亿元、2228.7亿元。虽然近几年车辆购置税的增长达到了10%左右,但随着汽车销售规模拐点的逼近、汽车销售价格的下降以及新能源汽车免征车辆购置税等,车购税增长率将呈下降趋势。根据相关模型预测,2020年前的年度最大征收额约为2800亿元。交通运输部预计"十二五"期可用于公路基本建设的车辆购置税总计可达11580亿元,年均2316亿元。根据测算,"十三五"期可用于公路基本建设的车辆购置税大约在13300亿元左右,年均2660亿元,比"十二五"期增长14.9%。虽然车购税仍保持着较快增长,但与"十二五"期、"十三五"期的公路建设需求相比存在较大差距。由于以往车购税主要投向高速公路建设,投向普通国道和农村公路的比例较低,造成了普通国道等建设发展滞后、路网结构层次不合理。根据公路相关发展政策,今后车购税将更多地投向普通国省道的建设。据测算,完成《国家公路网规划》确定的国家高速公路和普通国道里程的建设,2011—2030年约需8万亿元的建设资金。

(2)中央预算内和地方预算内资金

公路投资中的政府预算内资金总体规模很小,所占投资总额比例低。2010年中央预算内资金(包括国债)为68.3亿元,地方预算内资金(包括地方转贷)为123.1亿元,分别占公路总投资额的0.6%和1.06%。按目前的财政支出体系,未来大规模增加的可能性不大。

(3)地方自筹和企事业单位资金

我国公路建设中的地方自筹和企事业单位资金已达较大规模,所占比例较高,而且面临偿债高峰的到来,未来进一步大幅度增长的潜力也不大。

3.港口

(1)港口建设费

港口建设费是中央政府和地方政府用于沿海港口公共基础设施和内河建设的最主要的资金来源。2010年、2011年、2012年港口建设费收入分别为114.44亿元、136.03亿元、136.36亿元,实行中央与地方8∶2分成。2011年、2012年中央本级安排分别为73.35亿元和73.20亿元,对地方转移支付分别为41.65亿元和58.58亿元。由于世界经济不景气,外贸进出口增速趋缓,加之产业结构转型升级,单位出口额的货量货重降低,经测算,以外贸进口货重或集装箱为计费单位征收的港口建设费2013—2020年仅能小幅度增长,年收入在140亿~180亿元之间。

(2)中央预算内和地方预算内资金

中央和地方预算内资金用于内河和港口的资金,2009年之前在10亿元以下,2009年之后达到了20亿元以上,主要是用于内河航道的建设,约占港口和航道总投资的1.5%左右;在支持内河水运发展的政策下,预计未来几年还会有所增长,达到30亿元左右。

(3)车购税用于内河建设的资金

在征收的车购税中有一小比例用于内河建设,2008年为21.26亿元,2009年为12.65亿元,2010年为29.37亿元。"十二五"期的前三年内河建设合计安排车购税201亿元,预计未来的年度规模约在70亿~100亿元。

4.机场

(1)民航发展基金

民航发展基金是民航基础设施建设最主要的政府性资金来源,2012年由原民航机场管理建设费和原民航基础设施建设基金合并而成。其使用范围包括:民航基础设施建设,对货运航空、支线航空、国际航线、中小型民用运输机场(含军民合用机场)进行补贴,民航节能减排,通用航空发展等。2010年、2011年、2012年我国民航发展基金收入分别为194.74亿元、207.96亿元、231.26亿元。2012年中央本级支付104.48亿元,对地方转移支付为120.54亿元。随着民航运输量的稳步增长,预计2013—2020年收入年增长率约为6%~8%。但是随着支线机场快速发展,亏损机场的数量和补贴需求也随之快速增长,民航发展基金中能拿出用于建设的部分增长不大。

(2)中央预算内和地方预算内资金

这部分资金规模所占比例非常小。地方政府投资机场项目的资金主要通过其他多种途径筹集。

(三)高额债务和高负债率制约了继续大规模债务融资

交通基础设施是社会性基础设施,其建设所需要的土地、岸线、空域、航线等关键性资源掌握在政府手中,发展规划由各级政府编制和按权限批准项目建设。交通基础设施的布局和项目安排建设既要考虑大通道的交通运输需求,又要考虑各地区的协调发展以及交通基本服务、全面建设小康社会等各方面的要求。同时,交通基础设施的使用价格或运输价格主要是由政府控制(政府定价或政府指导价,部分为市场定价)。总体上,除了一部分主干项目盈利能力较好以外,大部分项目盈利水平都较低。而且,很多项目属于较强的公益性项目(如青藏铁路)和纯公益性项目(如非收费公路、农村公路),除了投资建设以外,还要支付运营亏损补贴、维护费等。因此,尽管交通项目向社会开放,吸引社会资本投资建设和运营,形成了投资主体多元化、筹资渠道多样化的格局,但大多数项目还是由政府推动,以政府为主导、吸引社会资本参与的方式投资建设。政府资金除了一部分交通专项资金和少量财政预算内资金用于交通项目资本金以外,基本上都是采取银行贷款和发行债券的方式筹集建设资金。

由于交通基础设施的投资建设对改善地方交通条件和提高区位优势,促进地方经济和产业发展等具有极其重大的作用,在相关加快交通发展政策(如收费还贷、车购税专项资金投资补助、征地拆迁费折算入股等)的支持下,地方政府和国家交通部门对交通基础设施建设的积极性被有效地调动起来,它们努力挖掘各种渠道筹集资本金和充分利用银行贷款等债务性融资增加交通投入。随着债务的快速累积,中铁总公司、地方政府在交通方面的高额债务和较高的资产负债率,不仅造成了付息还本的偿债压力,而且也制约了继续大规模借款的空间。银行出于风险控制考虑,将会降低贷款授信额度和项目投资的贷款比例。面对既有的以政府为主导投资的交通基础设施投融资模式筹融资能力下降的严重形势,要继续保持交通基础设施的高位投资水平,完成"十二五"期后两年和"十三五"期的建设任务,必须在投融资体制上有较大突破。

1.中国铁路总公司负债

由于原铁道部(现为中铁总公司)统揽铁路建设项目,并采取“统借统还”的方式统一向银行协商贷款规模和贷款利率,地方政府主要负责铁路建设项目的征地拆迁(折算地方政府出资的资本金)和按协议的资本金比例出资,不需要承担银行贷款,因此,形成了铁路建设高额债务集中在铁道部的单一借债主体上。工、农、中、建、交五大银行对铁道部贷款均已接近或超过单一集团客户授信集中度不得超过15%的监管目标值。

截至2013年6月底,中铁总公司汇总财务报表反映资产总额46631.59亿元,负债总额29182.15亿元,其中通过发行政府支持债券或以铁路建设基金提供担保等方式举借22949.72亿元,用于铁路项目建设。

2.地方政府公路负债

地方政府公路债务主要来自收费公路,以及少部分非收费公路(使用银行贷款)。根据交通运输部等五部门联合下发的《关于开展收费公路专项清理工作的通知》,经统计汇总,截至2010年底,全国收费公路债务余额为2.29万亿元,其中政府还贷公路债务余额为1.18万亿元,经营性公路债务余额为1.1万亿元。加上2011年和2012年新建成的收费公路债务等,目前全国收费公路的债务余额超过3万亿元。尽管目前交通负债对应的收费公路资产总体较好,但是新建高速公路项目大部分不如以往建成的项目,尤其中西部地区不少新建项目在建成通车后四五年内通行费收入不能完全覆盖经营成本、养护维修、还本付息的资金需求。大部分省(自治区、直辖市)采取新老项目的通行费收入统筹用于还贷。也有一些省新老项目整体统筹捆绑后,现金流总量仍不足,如云南省通行费收入扣除公路管费支出后远不足以支付贷款利息,2012年不得不提高通行费收费标准。此外,云南省还面临着取消二级公路收费的债务偿还压力。

3.地方政府的交通融资平台

2008年以来,地方政府投资公路、机场、铁路项目的资金,相当大一部分是通过地方政府融资平台借入的。其中,一部分是以收费公路的通行费收入作为还款来源,一部分是以土地等资产质押融资的,还有一部分是以未来财政交通专项资金作为还款资金的。

2008年国际金融危机以后,在四万亿投资政策的支持下,各地为了取得银行贷款加快交通基础设施建设，纷纷采取成立各种融资平台的手段进行较大规模的融资，以解决公路建设投资、铁路建设中地方出资的资金需求。除了以项目融资方式融入的以外，有的是采取政府违规担保融入的，有的融入资金被作为政府的项目资本金投入到项目中，然后又以项目公司作为融资主体向银行借款。“土地财政+政府性投资公司（融资平台）+政策性银行打捆贷款”的组合成为了地方政府融资的基本模式。

为有效防范金融风险，国务院于2010年发出《关于加强地方政府融资平台公司管理有关问题的通知》（国发〔2010〕19号），对融资平台公司进行清理规范，加强对融资平台公司的融资管理和银行业金融机构等的信贷管理，坚决制止地方政府违规担保承诺行为。一些地方政府的投资公司被银监部门认定为地方政府融资平台后，无法从银行获得新增的贷款，之前与各金融机构签署的合作协议、贷款合同等均不能继续履行，已发生的贷款被要求收回。而要重新获得银行贷款，就必须完成平台整改工作，退出地方融资平台。根据对一些省市的调研，此后通过融资平台融入的交通建设资金已经大幅度减少。

根据国家审计署2013年底公布的《全国政府性债务审计结果》，至2013年6月底，地方政府性债务余额支出投向中，政府负有交通运输设施建设偿债责任的债务为13943.06亿元，政府负有担保责任的债务13188.99亿元，政府可能承担一定救助责任的债务13795.32亿元。

随着对地方融资平台的清理规范和国家加强对地方政府性债务的管理，以及银行对地方政府及其融资平台信贷投放的从紧等，地方政府很难再采取融资平台的方式融入交通建设资金。此外，经济增速放缓，地方财政税收和土地出让收入低于预期，也限制了地方政府的举债规模。

因此，尽管地方对交通项目在“十二五”期和“十三五”期的建设需求还在加大，希望尽快建成完善的网络，并通过增加交通投资增长带动总投资规模增长，但资金来源却成了一个大问题。

（四）抑制过度超前建设需要相应的投融资体制改革和制度建设

交通基础设施大规模投资建设，改善了交通条件，有利于创造发展环境和提升发展能力，拉动了地方GDP增长，增加了领导政绩。这些都刺激了地方政府想方设法扩大建设规模、增加投资的冲动，形成了各地相互攀比，致使交通基础设施建设投资规模不断扩大，近几年一直保持在高位。

每年高位的投资规模不仅使地方政府把许多规划中长期建设的项目提前到近期完成，而且刺激了地方政府调整公路、铁路、机场布局规划，加密交通网络、提高建设等级标准，形成了交通投资的高胃口。各省的交通投资计划都是呈增长趋势，很少有主动调低的；追求规模和数量快速增长的政绩观已越来越忽视项目的短期经济效益，以及在一个相对合理较长的规划实施期里科学有序地安排建设的发展规律。由于新增项目的投资效益越来越低，为了推动新项目建设，地方政府不得不付出更多资源和代价（包括土地和各种优惠）吸引社会资本投资。

以上问题的转变需要通过投融资体制的改革，促使地方政府更加考虑财政（包括出让土地）承担能力、注重项目的经济效益、完善考核制度，发挥制度的作用，减少地方政府领导过分看重 GDP 增长和大规模投资的冲动。2013 年新一届政府已下决心大力推进经济结构转型升级，容忍 GDP 增速的一定放缓，不再搞大规模投资推动增长的老路。李克强总理明确提出，要“优化金融资源配置，用好增量、盘活存量，更有力的支持经济转型升级”。在 2013 年 6 月 28 日至 29 日召开的全国组织工作会议上，习近平总书记强调，要改进考核方法手段，既看发展又看基础，既看显绩又看潜绩，把民生改善、社会进步、生态效益等指标和实绩作为重要考核内容，再也不能简单以国内生产总值增长率来论英雄了。这些都将为新制度的建立提供有利的依据。

第四节　以中铁总公司为主导承担国家铁路建设面临的新问题

（一）中铁总公司的职能

2013 年 3 月，铁路实行了政企分开改革，撤销铁道部，将铁道部职能一分为三：将铁道部拟订铁路发展规划和政策的行政职责划入交通运输部；组建国家铁路局，由交通运输部管理，承担铁道部的其他行政职责，负责拟订铁路技术标准，监督管理铁路安全生产、运输服务质量和铁路工程质量等;组建中铁总公司,承担铁道部的企业职责,负责铁路运输统一调度指挥,经营铁路客货运输业务,承担专运、特运任务,负责铁路建设,承担铁路安全生产主体责任等。在改革方案中还明确,国家继续支持铁路建设发展,加快推进铁路投融资体制改革和运价改革,建立健全规范的公益性线路和运输补贴机制。

根据国务院批复组建的中铁总公司是由中央管理的国有独资企业,国家铁路局依法对公司进行日常行业监管。铁路的政企分开改革,是推进铁路企业向市场化迈进的重大举措和第一步。中铁总公司已开始实施货运组织改革,推动铁路货运全面走向市场。但是,铁路改革还远未到位,顶层设计和下一步改革思路仍需明晰。

(二)下一步铁路建设面临的问题

在这次改革中,中铁总公司基本全面继承了原铁道部投资、建设、运营、偿还债务的所有职能,"负责拟定铁路投资建设计划,提出国家铁路网建设和筹资方案建议,负责建设项目前期工作,管理建设项目"。铁路建设的职能由企业性质的中铁总公司负责,中铁总公司将会更多地从企业自身利益的角度选择和安排项目建设,原有的投资建设模式、部省合资模式、筹资模式、发展速度等都将面临新的变化。同时,铁路建设基金、铁路建设债券、国家投资铁路的财政预算内资金都是由中铁总公司负责计划使用和管理。而交通运输部负责拟订铁路发展规划和政策,没有执行手段,无法对国务院直接管理的企业提项目建设要求和做出指导。在目前的这种职能分工格局下,下一步的铁路规划、建设、投融资、运营等方面都会遇到新问题,需要进一步改革,科学合理地理顺和明确相关关系和责任主体,才能有效推进铁路建设和运营的健康持续发展。

1.规划项目的建设实施

中铁总公司虽然要负责铁路建设,但是作为企业可以不要像铁道部那样承担很强的社会责任和政府责任,加快铁路网建设和完善,以解决运力不足和买票难等问题,同时增加自己的负债和增加不盈利的亏损项目。除了继续完成续建项目以外,公司对于新建项目会更多地从企业战略、筹资能力、项目盈利前景等多方面进行选择,对中长期规划和"十二五"规划中效益较好的项目积极性高一些,对于效益不好的项目(尤其是公益性较强的铁路项目、区域性项目以及资源开发性项目)则会推迟建设或要求国家补助或交由地方去建设。虽然,在国家发展改革委的积极推动和支持下,铁路"十二五"规划的投资目标能够超额完成,但中铁总公司对新项目投资建设的积极主动性并不是很高。

2.中铁总公司的债务和筹资能力

中铁总公司承继了原有铁路的全部资产和债务,2.6万亿元的债务,每年仅利息支付就需要1000多亿元(2013年需付息1300亿元)。高额负债以及企业性质,使中铁总公司能否继续像原铁道部那样依靠政府信用进行大规模的债券发行和银行贷款融资,以筹集足够的资金维持铁路建设发展速度将是一个很大的问题。中铁总公司当前最急迫的是经营好现有线路和保证已开工在建项目尽快建成投产运营,包括推进市场化的货运组织改革等,以扭转铁路运营亏损的局面,提高盈利能力。

3.地方政府的筹融资压力

以往铁道部包揽所有铁路建设责任的模式已开始发生转变,主要服务于地方经济的城际铁路、市域(郊)铁路、支线铁路、资源开发性铁路的投资建设权将下放到地方,由地方政府为主进行投资建设,中铁总公司将不再控股,甚至不参股,只承担业务技术指导。这些铁路的经营权也下放,中铁总公司也不再承担这些新建项目的运营责任。由此,地方政府将面临新项目建设的筹融资压力和承担项目经营亏损的财政补贴压力。而且,在这些项目与国铁路网接轨、共享既有铁路资源和开展网络化运营方面会遇到很多的问题和困难,需要国家层面的相关协调和指导。当然,这样的改革也有有利的方面:一是使地方政府拥有一定的铁路建设权、决策权;二是会促使地方政府更多地考虑项目的经济效益,从财力的角度安排项目建设;三是由于这些项目的所有权、经营权的下放,也会促使地方组建地方铁路局(公司),形成更多市场经营主体,促进市场制度改革和市场化竞争的逐步开展。

4.地方铁路接轨以及网络化运营

铁路具有很强的网络化和网络规模效应,路网的互联互通和跨线路运输、货运车辆的统一调配和共同使用、线路公司间的服务提供和清算是铁路运营的最主要特征和基本要求,是新投资者进入的基本市场架构要求。如果在这些方面没有建立公平、平等的制度环境,或者中铁总公司作为垄断企业设置各种障碍和壁垒,地方政府、社会投资者建设的铁路只能自购车辆在自己的区段运营,不仅影响投资效益,而且大大增加单位运输成本,最终导致各方面投资建设铁路的积极性会大大降低。

5.铁路网络新规划的编制及建设实施责任主体

根据"十二五"规划,到2015年全国铁路里程将达12万公里左右,基本实现《中长期铁路网规划》(2008年调整)规划的建设目标。从职能上,铁路发展规划由交通运输部负责编制(各省也编制各自的省域铁路网规划)。然而在现行的建设体制下,国家铁路网是由中铁总公司主导并负责建设实施的。新规划建设的铁路项目投资效益总体呈递减趋势,以企业为主体的形式保障规划实施的路子将难以为继。因此,铁路项目如何分类,各类铁路项目建设的责任主体、投资主体如何确定,将关系到未来铁路的发展和规划目标的实现。

第五节 改善民生需要调整政府与市场在项目投资的分工

(一)改善民生需要建立相应的制度和政府性资金来源渠道

交通运输是经济社会发展、人们生活改善的重要基础,发展不足将形成极大制约,而政府又没有足够的资金进行较大规模的建设和促进其加快发展,因此,政府须出台政策开放投资市场和允许收费经营,以收费还贷和商业化经营的形式在基础设施建设中使用银行贷款和吸引社会资本投入。尽管许多交通项目仍然是以政府为主导进行投资建设的,但在项目资本金制度和使用银行贷款的投资模式下,有效发挥了政府资金的引导性和杠杆作用,带动了社会资本不断进入,促进了我国交通基础设施建设的快速发展,改善了经济社会发展条件和人们的生活条件。

现在的问题是,在已经取得巨大发展,基本适应国民经济发展需要的基础上,应该从民生角度考虑,减少收费,回归交通基础设施的公益性属性或降低准公共产品的交通价格水平。广大用户和老百姓,对高速公路收费和高铁高票价意见很大,呼吁减少收费公路和降低收费标准,更大程度地改善民生、还利于民。

改善民生是基本国策和政府的执政理念。交通网络布局和交通基础设施的投融资体制直接关系到人们的生产生活和使用成本，以及地区的发展和基本公共服务的提供，甚至全面建设小康社会的问题。以往交通运输紧张，政府资金和市场资金主要投向交通运输需求量大、直接投资效益好、收费的项目上，以实现资金的滚动发展。而公益性较强的以及非收费交通项目的投资比例较低，造成这些项目发展严重不足、交通网络结构层次不合理、落后地区交通覆盖率低等诸多问题。随着民生问题越来越受到重视，政府需要通过投融资体制的改革，加快促进交通投资重点和投资比例的调整，尽可能让收费和盈利的项目由社会资本进行投资，政府则逐步降低投资比例和退出，将政府性资金重点用于投资建设非收费和公益性强的项目。

政府性资金有限，如何才能做到既加大对公益性项目的投资，又不影响骨干项目(一般都为可收费或经营性项目)的推进成为政府在决策中必须考量的问题。现有的交通专项资金和财政预算内交通资金的规模就这么大，虽然通过调整资金投向和各类交通项目的投资比例，可以增加公益性项目的投资规模，但与需求相比仍有较大差距。此外，一些可以收费类的项目(如高速公路、铁路、机场等)，虽然政府想推进，但项目财务投资效益又不足以吸引社会资本进行投资，即无法完全推向市场，还必须由政府进行部分投资、为社会资本提供项目投资补助、提供土地开发等才有可能实施。因此，政府有限的资金投入需要在这些项目与公益性项目之间寻找平衡。如果没有相应的制度保障，政府一般会更倾向于投资影响作用大、效益好、见效快的项目，而延迟一般性和直接效益差项目的建设。总之，政府与市场的划分，不像理论上说得那么简单，需要有相应的配套措施和制度约束。同时，政府需要有相应的资金来源才能切实加大公益性项目的投入。

近年来，交通运输部在公路投资建设中正在朝着加大普通公路投资的这个方向转变，但还远远不够。交通运输部提出了建立两大体系的发展思路：一类是以高速公路为主的收费公路体系，体现高速公路高效、集约、优质服务的特征；另一类是普通公路为主体的不收费公路体系，为经济社会的发展提供普遍性、基础性的服务。两大体系以不收费公路体系为主，约占公路总里程的97%，收费公路占公路总里程的比例约为3%。以“两个体系”的思路和不同的筹资方式实现政府资金与社会资金共同促进公路发展，基本服务与高效服务的统筹兼顾。从“十二五”期开始，交通运输部已进行了车购税投向比例的调整，进一步加大了对国道、农村公路等非收费项目的投资比例,降低了用于高速公路建设的比例。交通运输部在"十二五"期前三年(2011—2013年)实际已安排车辆购置税资金6762亿元,国家高速公路的投资比例从"十一五"期的39.5%下降到了33%,国道投资比例从"十一五"期的11.9%提高到了33.8%,农村公路从"十一五"期年均320亿元提高到了516亿元。今后的调整力度还会进一步加大。

在铁路方面,《国务院关于改革铁路投融资体制加快推进铁路建设的意见》(国发〔2013〕33号)明确指出,铁路是国家重要的基础设施和民生工程,是资源节约型、环境友好型运输方式。改革铁路投融资体制,加快推进铁路建设,对于加快工业化和城镇化进程、带动相关产业发展、拉动投资合理增长、优化交通运输结构、降低社会物流成本、方便人民群众安全出行,都具有不可替代的重要作用。但是,由于铁路建设投资与运营体制改革尚不到位,中铁总公司、中央政府、地方政府的职责没有划分清楚,导致目前公益性较强的铁路建设问题还没有较好的解决办法。

(二)市场化与民生问题需要建立项目分类投资等制度

对于交通发展和交通基础设施建设,许多专家认为,要改变政府为主导的投资建设模式,更大程度地以市场化的方式进行投资建设。而要市场化,就需要项目有收入、能盈利,才会有社会投资者进入。如果项目不收费、没有收入现金流,不仅社会投资者不会进入,而且银行也不会贷款,只能完全由政府投资。因此,市场化与改善民生既是一致的,又有相互矛盾的地方。通过市场化可以加快交通设施的改善,提高发展水平,促进经济社会发展,使老百姓从中受益。同时,政府可以将资金更多地投向公益性项目建设。但是,市场化方式建设交通项目,老百姓需要支付更高的交通费用,增加支出负担。在这种情况下,就需要解决哪些交通基础设施是满足基本公共服务需求的,哪些是可以作为选择性消费需求的,并通过相应的制度进行分类投资建设和供给。高速公路、高速铁路应界定为可选择性消费的准公共产品,付费使用不仅有利于资源节约,而且也更具公平性。

高速公路收费是实施市场化建设的前提,不收费就不可能有社会资本投资经营,推进市场化就会成为一句空话,高速公路网的形成就需要很长的时间。现在主要问题在于我国需要建多少高速公路,以及高速公路收费期满后是否还能继续收费。当然,在发展高速公路的同时需要加大非收费公路的改善和网络完善,以满足人们的基本使用要求。

铁路、港口、机场无论是经营性项目还是公益性项目都是以企业(或公司)运营的形式经营。项目投资是转化为企业的固定资产,进入企业的运输服务成本,从运输经营收入中收回。但由于不同项目的建造成本、运输量存在较大差异,以及运输服务价格受国家控制,企业没有自主定价权,存在着盈利、低盈利、亏损等不同情况。尤其是公益性强的项目,不仅存在着没有利润、收不回投资的风险,而且还可能存在运营的亏损以及需要不断补充流动性资金的风险。虽然从收入形式上看,这些项目都有收入,可经营性的政策也鼓励各类投资主体进入,但在实际运作中因为项目营利性不强,社会投资者进入很少。因此,要解决市场化和公益性问题,就必须对铁路运输价格形成机制进行改革,同时建设公益性运输价格补贴机制,才能吸引社会资本投资。

(执笔人:罗仁坚　罗诗屹)

第四章

改革铁路运营体制和吸引社会资本投资铁路的措施

内容提要

国家出台了很多鼓励社会资本投资铁路的政策,但没有营利模式,实际进入的资金很少。当前铁路运营市场体系中的委托经营、清算方式和清算标准、铁路运输价格等都是导致合资铁路不盈利或微利的重要原因。为了理顺各种关系,建立适应社会投资者进入的投资与运营环境,需要按照"网运分离"的模式进行改革。可以先从地方铁路的投资与经营开始,成立地方铁路局(公司)经营地方铁路和参与铁路委托经营的市场竞争,形成多元化的市场经营主体。同时,建立和完善社会资金直接投资、权益性投资、债权投资以及租赁融资等的平台或渠道,吸引社会资金进入。

第一节　社会资本进入铁路需要有营利模式

社会资本投资铁路,需要有营利模式作支撑。虽然部分合资铁路货运价格高达 0.20~0.40 元/吨公里,但在目前的投资运营体制下仍然不能盈利或仅能获得微利。全国除了朔黄铁路公司、大秦铁路公司等少数公司盈利较好以外,行业整体处于微利和亏损状态。这也导致社会投资者对投资铁路到底能否盈利产生疑虑,不敢贸然进入。国家交通主管部门和行业内专家对此也很清楚。在2013年8月发布的《国务院关于改革铁路投融资体制加快推进铁路建设的意见》(国发〔2013〕33号)中,提出了"研究设立铁路发展基金,以中央财政性资金为引导,吸引社会法人投入。铁路发展基金主要投资国家规定的项目,社会法人不直接参与铁路建设、经营,但保证其获取稳定合理回报",试图鼓励社会资本由直接投资转向资本理财性的间接投资,而不直接参与铁路建设、经营。

(一)政策鼓励社会资本投资铁路

目前,在法律、法规和政策上,社会各类资本进入铁路没有法律障碍。

2004年7月国务院发布了《关于投资体制改革的决定》,要求:"在国家宏观调控下充分发挥市场配置资源的基础性作用,确立企业在投资活动中的主体地位,规范政府投资行为,保护投资者的合法权益,营造有利于各类投资主体公平、有序竞争的市场环境,促进生产要素的合理流动和有效配置";"放宽社会资本的投资领域,允许社会资本进入法律法规未禁入的基础设施、公用事业及其他行业和领域。逐步理顺公共产品价格,通过注入资本金、贷款贴息、税收优惠等措施,鼓励和引导社会资本以独资、合资、合作、联营、项目融资等方式,参与经营性的公益事业、基础设施项目建设"。

2004年修订后的《外商投资产业指导目录》中,铁路建设、经营被列入鼓励发展类项目。

2004年1月,国务院批准了《中长期铁路网规划》。在《规划》中,铁道部提出要以"政府主导、多元化投资、市场化运作"的模式构建多元投资主体,拓宽多种筹资渠道的铁路投融资改革。2004年10月,中国铁路建设投资公司成立,代表铁道部履行铁路大中型建设项目出资人代表职能。这是改革铁路建设投资体制,构建铁路市场化融资平台的重大举措,是推进合资铁路建设、快速发展客运专线的重要基础。此后,铁道部与31个省(自治区、直辖市)签订合资建设铁路的部省协议。

2005年2月,国务院发布了《关于鼓励支持和引导个体私营等非公有制经济发展的若干意见》,规定"允许非公有资本进入垄断行业和领域。加快垄断行业改革,在电力、电信、铁路、民航、石油等行业和领域,准予引入市场竞争机制。对其中的自然垄断业务,积极推进投资主体多元化,非公有资本可以参股等方式进入"。

2005 年 7 月,铁道部出台了《关于鼓励支持和引导非公有制经济参与铁路建设经营的实施意见》,为非公有资本进入铁路提供有力的政策法规支持和保障。2006 年,铁道部研究制订了《"十一五"铁路投融资体制改革推进方案》,提出"构建建设投资主体多元化、资金来源多渠道、融资方式多样化、项目建设市场化的铁路投融资体制新局面"。

2012 年 5 月,铁道部贯彻落实国务院于 2010 年颁发的《国务院关于鼓励和引导民间投资健康发展的若干意见》,发布了《铁道部关于鼓励和引导民间资本投资铁路的实施意见》,鼓励民间资本投资参与铁路线路、铁路渡轮等场站设施建设,提出:切实转变铁道部职能,按照政企分开、政资分开的要求,加大铁路经营管理体制机制改革创新力度,确立铁路运输企业市场主体地位,创造良好市场环境,促进民营企业及各类所有制企业公平竞争、共同发展;完善相关政策措施,按照平等准入、公平待遇原则,在铁路市场准入条件、财务清算办法、运输管理、项目审批、接轨许可及公益性运输负担等方面建立健全相应的规章制度,保护各类投资者的合法权益;鼓励民间资本投资参与建设铁路干线、客运专线、城际铁路、煤运通道和地方铁路、铁路支线、专用铁路、企业专用线、铁路轮渡及其场站设施等项目;鼓励民间资本进入铁路工程建设领域,投资参与铁路客货运输服务业务;鼓励民营企业和国铁企业开展多种方式的物流合作,提高铁路物流运输服务水平;鼓励民间资本通过参股、控股、资产收购等多种形式,参与铁路非运输企业改制重组,推动企业转换经营机制,提高市场竞争能力。

2013 年 8 月,国务院发布了《国务院关于改革铁路投融资体制加快推进铁路建设的意见》(国发〔2013〕33 号),要求按照"统筹规划、多元投资、市场运作、政策配套"的基本思路,完善铁路发展规划,全面开放铁路建设市场,对新建铁路实行分类投资建设。《意见》明确提到了所有权和经营权的问题,指出:向地方政府和社会资本放开城际铁路、市域(郊)铁路、资源开发性铁路和支线铁路的所有权、经营权,鼓励社会资本投资建设铁路。

(二)现行的铁路经营模式,投资者难以获利

在现行的铁路建设运营生产模式下,建设铁路不能直接经营线路获取资产经营收入,而必须从事线路客货运输经营以客货运输业务获取收入。在这种"网运一

体”的投资建设经营模式下，铁路运输市场状况、经营环境、客货运输业务收入水平对于投资者能否获得投资回报非常重要。目前中铁总公司独家垄断经营的市场体系和经营环境不适合社会投资者进入，社会投资者不能自主经营、网络化经营，难以保障预期收益。虽然相关政策鼓励社会资本、民间资本投资建设铁路，但是缺少相应的营利模式。其中，运输市场体系架构不合理、不能自主经营和展开公平竞争是最大的障碍，就像个“玻璃门”、“弹簧门”。这些问题不解决，单讲投资政策，社会投资还是不会进入的，已进入的也会想办法退出去。

导致上述状况的主要原因还是由于铁路整体改革滞后，市场架构和运营管理模式以及运价机制等不适合社会资本进入，投资回报没有把握，缺少能够切实保护投资者利益的长效机制。具体来说，一是铁道部对线路和合资公司控股，新建铁路线路委托铁路局经营，使社会投资者只出钱投资，而没有实质经营权，且委托经营费基本上是由铁路局按铁路内部的计算方法计算，每年确定一次，年年调高，投资者很少能从合资公司中获得收益分红；二是铁路业务之间的清算标准不合理，与实际的业务成本存在较大差异，实质上只是铁路大系统内部用于工作量货币计量的一种考核标准，对于铁路局以外的线路公司来说，在很多情况下相当部分的可能利润被清算方法和清算标准清算掉了；三是当前铁路运输价格由国家制订和批准，实施低价格政策，且对承担公益运输等没有明确的补贴政策，以致除了少部分线路企业以外，铁路运输总体盈利水平低。因此，除了对一些相对比较独立、本身运量有保障、能够由项目公司独立运营管理的线路项目（如运煤专线），社会投资者的积极性较高以外，其他的线路在目前的铁路运营市场架构和环境下，即使计算的铁路项目投资效益再好，社会投资者一般也不敢直接投资。

第二节　当前铁路委托经营模式存在的问题和改革建议

（一）铁路委托经营的规定和委托公司的经营结果

一般来说，铁路建成后的运营有自主运营、联合运营、委托运营和租赁运营等模式。事实上，目前合资铁路的运营模式定夺权并不在合资铁路公司手中，而基本上是由中铁总公司和所属铁路局决定。

为了加强新建合资铁路的运输管理，2011年铁道部颁布了新的《关于新建合资铁路委托运输管理的指导意见》（铁政法〔2011〕149号）。依据该《指导意见》，2003年以来新建的合资铁路基本上被按“符合委托方和受托方的共同意愿。坚持自愿、公平、诚信、互利原则，充分尊重委托方的主体地位，充分发挥受托方的管理优势，实现互惠共赢”的要求委托所属铁路局运营管理。委托的内容包括运输组织管理（客运组织、货运组织、行车组织、调度指挥、列车开行方案、运输计划、车流径路管理等。委托方不设调度台，由受托方集中调度指挥）、运输设施管理、运输移动设备管理、运输安全管理、运输收入管理、铁路用地管理等，委托方向受托方支付委托运输管理费。在这种情况下，除了少数几家成立较早、规模较大、由企业控股的合资铁路公司（如朔黄铁路有限责任公司、集通铁路（集团）有限责任公司）以及地方铁路以外，几乎所有的合资铁路都没有自主经营权，即便像达成铁路公司、西延铁路公司这样成立时间较长、独立运营、保持盈利的公司也都被铁路局托管。“委托运营”或者“托管”的合资铁路公司基本上成为记载资产和债务的名义公司，很少有盈利。当前合资铁路公司与铁路局的关系见图4-1。

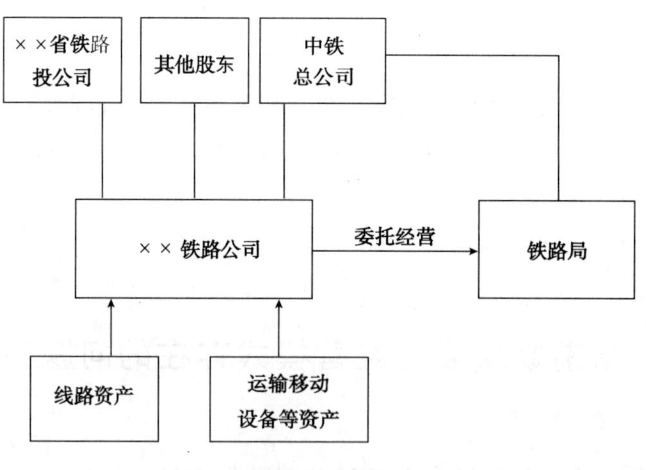

图4-1　合资铁路公司与铁路局关系示意图

（二）委托经营对地方政府和社会投资者的利弊

合资铁路委托铁路局运营，有利于纳入铁路局的统一运输组织和统一调度指挥以及运输设备的调转使用。

对于地方政府和社会投资者来说，合资铁路委托运营有利也有弊。

有利的方面：一是可以减少运输移动设备的一次性投入和设施设备维修维护基地的建设投资，以及材料、动力采购等流动资金借款；二是合资公司不需要组建自己的运输经营队伍和维修队伍。三是合资铁路都是中铁总公司或所属铁路局控股，合资公司经营亏损都是挂账，并没有一定要求地方政府（或地方政府不同意）按股份比例提供经营亏损补贴（全国仅成灌铁路由成都市政府承担部分运营亏损补贴，其他的基本上都没有地方政府提供补贴）。

不利的方面：一是运输经营权掌握在受托铁路局手中，合资铁路公司无法通过改进企业战略、加强市场营销提高能力利用率和增加客货运输量，实现增收（许多线路实际运量与预测运量存在较大差距，运输收入远不及预期）；二是合资铁路公司无法控制运营成本，委托运营费不断大幅度上涨（委托经营费的测算采用的是铁路系统的内部清算价格，属于内部生产车间之间工作量的货币化计量关系，而非真正的运营成本）。如浙江的萧甬铁路委托前自管自营每年净利润在 6500 万元左右，2008 年实施委托后，运营成本大幅度上扬，收益明显降低，出现亏损。新长铁路实施全委托管理后，运营成本急剧增加，原先尚可保持现金流平衡的经营格局被打破，企业陷入巨额亏损。衢常铁路新建成后直接实施全委托管理，运量上不来，年收入不足以支付委托费用。据了解，京沪高铁因平安资产管理有限责任公司和社保基金等股东对委托运营费过高不满，委托第三方进行审价，对于审价结果，平安等股东和受托运营的铁路局都不满意，形成较大分歧。三是由于委托运营没有形成真正市场化，只有铁路局一家，委托运输管理费由其说了算，而且铁路清算体系和清算价格从路外投资者角度看不尽合理，直接影响了社会投资者投资建设铁路的积极性。四是目前合资公司虽然经营亏损都是挂账，但是如果不能很快实现收入对支出的覆盖以及盈利，累计亏损额不断增大后将可能无法继续挂账，需要地方政府和投资者（股东）对亏损进行补贴和解决流动资金银行借款问题，否则无法持续运营。

黄织铁路有限责任公司委托经营实例

1.公司基本概况

黄织铁路有限责任公司是由成都铁路局代表铁道部出资控股、贵州省9个公司参股联合组建的合资铁路公司。

黄织铁路(黄桶至织金)营业里程62公里(建设里程67公里),总投资18.22亿元(决算数),资本金比例45%,成都铁路局占59.97%。2011年4月投入货运试运营,与全路开展直通货物运输。2013年1月26日起开行两对贵阳—织金旅客列车(车次分别为K9475/6次、K9477/8次)。按照《合资组建黄织铁路有限责任公司合同书》的约定和铁道部《关于兴建合资铁路委托运输管理的指导意见》的要求,经股东大会决定,黄织铁路委托成都铁路局运营管理,并于2012年1月签订了委托运输管理协议。按照铁运电〔2011〕61号通知,黄织段货物运价暂按0.40元/吨公里执行,杂费按《铁路货物运价规则》及相关规定执行。

2.经营状况

2012年(1—12月),图定货车7对,发送货物129.91万吨,到达8.65万吨,货物周转量7776.54万吨公里。实现收入3439.89万元,成本支出17056.17万元,主营业务亏损13616.28万元。

在成本支出中刚性成本支出占比较大。2012年,财务费用4793.61万元,占成本支出的28.1%;折旧3077万元,占成本支出的18.04%;委托经营费8010万元,占成本支出的46.96%。铁路局收取的委托经营不是按实际完成的运输量收取,而是按事先确定的计费运量收取,高于实际运量许多。如2012年是按220万吨计算(实际只有138万吨),这一点从调研的另一家水红公司中也可以看出,实际运量为777万吨,而委托经营费的计算运量是1624.43万吨。

(三)自主经营对地方政府和社会投资者的利弊

地方政府和社会投资者全资或控股的地方铁路、合资铁路,拥有自主经营权,在投资建设之初就需要对经营模式进行计划和安排。可以根据委托方和受托方的意愿,采取委托铁路局运输管理(委托运营)的方式,也可以选择自主经营的方式。

对于地方政府来说,自主经营既有利也有弊。

有利的方面:一是可以自主制定公司的经营战略,对公司的整个资产进行调配、经营和处置,建立分工明确、权责分明的管理制度,以及相应的考核机制、激励机制,促进市场营销,增加运输量和运输收入。除了运输经营业务方面,还可以实现资产等其他方面的收入。二是可以加强企业内部组织管理、企业成本控制,实现增收节支。三是如果当地有自主经营的铁路公司,对于该地区其他线路委托运营费的协商确定具有积极的参考意义。四是地方政府和社会投资者可以根据本线或参考其他线路的运输收入和成本,对本线或其他线路未来的运输量和收益进行测算,得出较明确的收益预期,制定相应的决策。五是地方政府可以集中经营线路的收益,用于支持其他线路的建设和运营。

不利的方面:一是需要增加购买运输移动设备、建设维修维护基地等的投资,以及材料采购、电力等生产经营流动资金。二是需要组建和培训运营、维修、管理等方面的队伍。三是如果线路里程短,达不到一定的规模,可能会造成成本畸高。四是需要自负盈亏,无法对连续亏损持续挂账,需要解决亏损补贴和持续运营的流动资金借款问题;五是将增加与路网间的交易,在与铁路局协作配合的同时,会构成一定的竞争关系,影响铁路局在某些方面的支持和指导。

(四)对地方铁路、合资铁路未来经营模式的改革建议

1.组建地方铁路局和铁路按"网运分离"的模式进行改革

从发展趋势看,随着新一轮铁路的建设发展,地方铁路、合资铁路未来希望自主经营的会越来越多,成立地方铁路局或地方铁路公司的省会越来越多。据报道(2013 年 8 月 27 日《第一财经日报》),四川省为加快川南地区的城际铁路建设,将计划筹建川南铁路公司,有望成为首个没有中铁总公司参与,而由地方政府独资或同外部资本共同投资组建的城际铁路公司。

《国务院关于改革铁路投融资体制加快推进铁路建设的意见》(国发〔2013〕33 号)颁发后,城际铁路、市域(郊)铁路、资源开发性铁路、支线铁路的所有权和

经营权逐步向地方政府和社会资本开放,目前“委托运营”的单一模式会被打破。有的线路合资公司要求自主运营(如在建的蒙西华中铁路,相当一部分股东要求由蒙西华中铁路公司自主运营)。亏损较大线路如果地方政府不提供补贴的话,中铁总公司或所属铁路局有可能会拒绝受托运营,交由合资公司自主运营和维持。

鉴于上述情况,按“网运分离”模式进行改革非常重要。分别组建线路资产经营与管理公司和铁路运输经营公司,对理清各种关系、支持下一步深化改革意义重大。这一做法可以从地方为主的铁路和地方铁路局先行开始。

网运一体经营的模式,投资回报受运输市场因素的影响很大,投资者对收入难以有比较明确的预期。对于社会投资者来说,仅有宏观层面的政策或指导意见是不够的,必须要有相应的制度机制保障和营利模式。

为了使投资者能够更直接地明确收入预期,避免因运输经营的各种不合理、不确定的因素而带来的收入和成本风险,有必要将投资线路基础设施与从事运输经营服务的生产活动分离,并建立相应的营利模式,使线路投资者不需要通过经营运输服务的方式获取经营收入和投资回报,而只需要经营线路资产即可。就像投资收费公路、机场一样,不需要通过从事公路运输、航空运输获取收入和投资回报。

铁路运输市场化是改革的方向,而通路权的开放和市场经营主体的平等竞争是基础。网运一体的经营模式阻碍了市场竞争,巨额的建设债务和财务费用负担也限制了运输企业的发展。为了构建符合铁路特点和适合社会投资者进入的建设与运营体系架构,创造运输经营的市场化竞争条件,体现“线路建设政府主导、线路运营市场化”的发展原则,有必要按照“线路资产经营与运输经营服务相分离”的模式分别组建线路资产经营管理公司和铁路运输经营公司,这也是未来铁路改革的重要方向。

具体做法是:线路经营管理公司将线路资产租赁给铁路运营公司,收取使用费(租赁费)。铁路运输经营公司租用铁路线路资产经营管理公司的线路等设施进行运输经营,支付线路资产使用费或租赁费,完全“自主经营,独立核算、自负盈亏”。线路资产使用费或租赁费价格标准由政府依据总投资和合理的投资回报率确定,实施政府指导价。线路资产公司因执行政府对运营公司的优惠政策而减少资产使用费收入，造成对社会投资者应得收益的损失，由政府提供补贴。

一旦“网运分离”模式和市场体系架构形成，社会投资者可以直接投资建设线路，不一定从事运输经营，仅需要对线路使用费的收入做出预测判断就可以得出比较明确的收益预期，减少运输经营环节的各种不确定性和风险，有利于降低进入的资金需求规模。

2.“网运分离”模式的组织和运营架构

各省（自治区、直辖市）可以按照“所有权与经营权分离”、“线路资产经营与运输经营服务相分离”的模式分别成立“××省铁路投资与资产经营管理（集团）公司”和“××省铁路运营股份有限公司”（如图 4-2）。

省铁路投资与资产经营管理（集团）公司作为省级政府对铁路投资的出资人代表，对批准的相关铁路进行股权投资，行使股东权利，履行股东义务；对形成的相关资产进行管理，担负与投资建设和资产相对应的相关债务，以及债务的偿还；负责出租铁路线路等相关资产给铁路运营公司，按照相应的政策和价格标准向铁路运营公司收取资产使用租赁费，或按使用资产的计量数量和价格收取资产使用费（如过轨费等），作为资产经营收入和投资收益，用于建设投资债务的偿还和资产的保值增值。

省铁路运营股份有限公司作为“自主经营，自负盈亏”公司，租用铁路投资与资产管理公司的线路进行运输经营，支付线路资产使用费或租赁费。有能力和条件的，也可以参与市场竞争，受托管理运营其他省市的铁路线路。还可以借鉴朔黄铁路的“网运分离”管理模式和组织架构，由线路公司负责行车组织和调度指挥，管理运行线、站场、供电网等基础设施，而线上客货运输则实行市场化竞争、联合经营。

“网运分离”模式不仅可以将线路投资建设及形成的债务与铁路运输经营分开，体现线路建设的政府主导、线路运营市场化的原则，而且有助于社会投资者对投资线路建设或投资运营公司的未来收益情况做出更加准确的分析判断和投资决策。同时，可以较精确地核算运营成本，为相关线路的“委托经营费”的协商谈判提供依据。

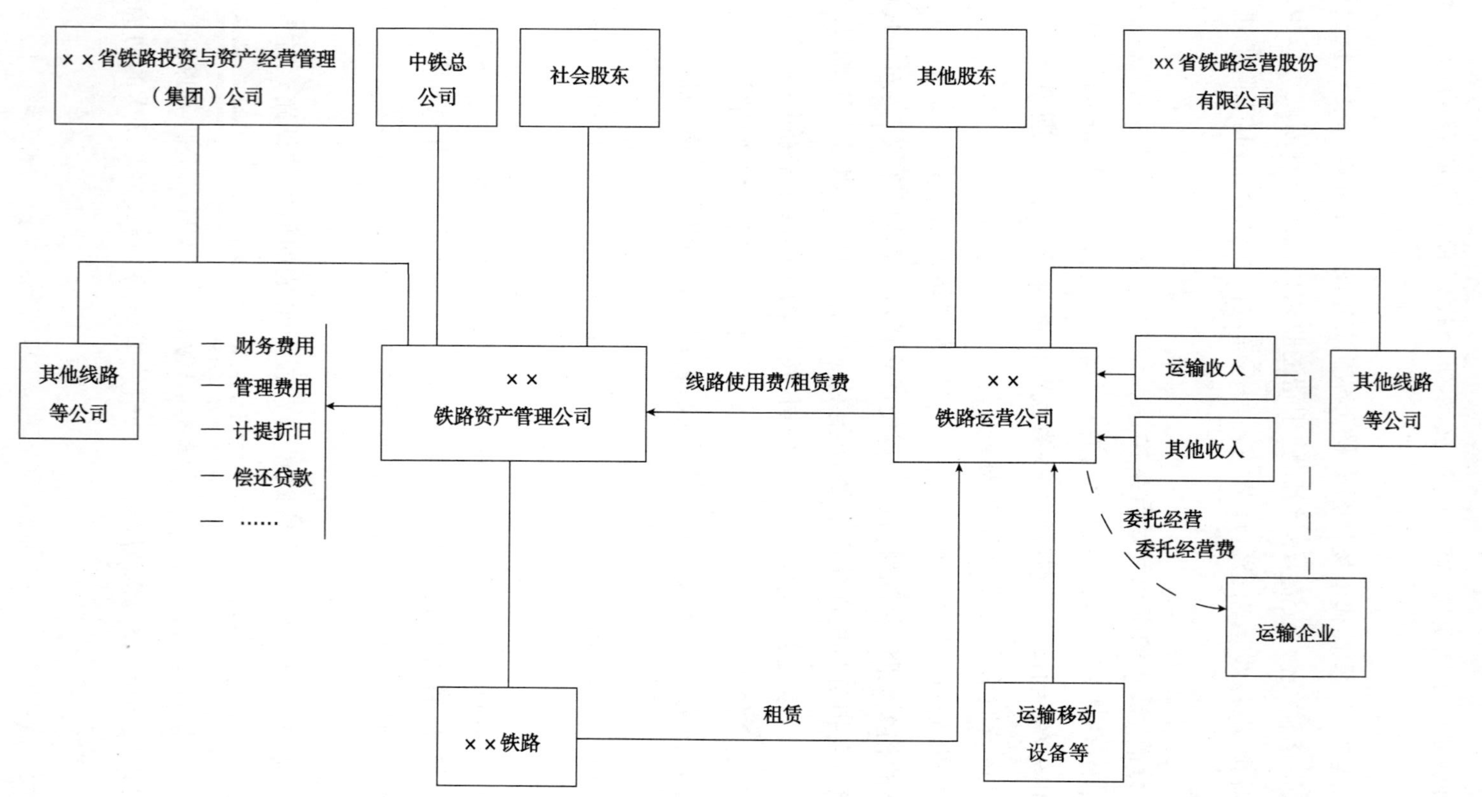

图4-2　线路资产经营管理与运输经营分离示例图

(五)促进公平的市场规则和清算标准的建立与完善

随着各省逐渐成立地方铁路局和运输经营公司,市场经营主体增多,会促使一些不适合于市场化公平竞争的规则进行修订完善和新规则体系的建立,包括线路接轨、互联互通、跨线运输、本线运输调度权、全国及区域路网列车运行图和车流径路安排的公平性、清算标准及清算方式的科学性等。

更加科学、公平适应市场竞争的规则体系,需要有较多的市场主体共同推动,并促使主管部门主持研究和制定科学办法和标准。

铁路政企分开后的国家铁路局的职能主要以行政和监管为主,其中“三定”的职能有“组织拟订规范铁路运输市场秩序正常措施并监督实施”。可以由国家发展改革委、国家铁路局共同主持修订完善相关的规则和标准等。

第三节　当前铁路价格存在的问题和改革建议

(一)当前铁路价格和形成机制方面的问题

我国自 1955 年统一铁路运价以来,一直实行政府定价,铁路运价长期偏低,且无政府补贴。虽然近年来在统一运价基础上出现了新路新价、优质优价、浮动运价、区域运价、专项成本补偿运价,以及旅游列车、新型全列空调列车一定的运价浮动等价格形式,但调整的幅度非常小。

目前整个铁路运价呈现三个特点:一是整体运价水平较低,还不到公路的 1/3,而且运价中 30%左右为专款专用的铁路建设基金,并不计入铁路企业的收入,在清算中直接清算到财政部。二是运价品种多、体系繁杂,非专业人员难以搞清楚。全国大部分线路是国铁普货定价,但也有一些国铁线路归属上市公司后(如大秦、丰沙大等线路)采用的是特殊运价。而合资铁路则遵循着“一线一价”的原则,价格水平基本上在开通前就由铁道部暂定或报国家发展改革委批准,部分合资铁路运价高达 0.20~0.40 元/吨公里。三是价格机制不合理。目前铁路运价受到高度管制,国铁普货价格每次调价均由铁道部根据成本上涨测算提价幅度,报国家发展改革委批准。这种成本驱动型价格机制调整价格相对滞后,且忽视了不同区域铁路成本的差异。而国铁客运价格则已经十多年没有提价,成本上涨基本靠列车等级调整以及货运来补贴。

当前铁路价格的问题突出表现在以下几个方面:

第一,价格形成机制的政府主导特征明显,基准价格核定的本质仍旧是政府价格意志的体现,铁路企业缺乏充分的定价自主权,直接影响了铁路整体融资能力、资金循环和运营收益水平。

第二,价格管制方式单一,效果不佳,既不反映成本,也不反映供求关系。例如,铁路运价主要根据现行的价格水平、企业财务报表和三年来行业的经营成本变化情况进行适当的调整。这些定价依据是已经发生的数据,且每次调整都要间隔相当长的一段时间,无法及时反映当前和未来的运输成本变化。

第三,政府指导价过度强调统一,忽视了分布于全国不同地区、不同运输企业、不同运输性质、不同消费群体和不同供求关系等方面的差异性,进而影响资源配置的效率和效果。

第四,统一清算一定程度上也影响了企业经营积极性。我国铁路运输经营实行的是统一运价、一次收费、一票到达的方式,即各铁路局将收入统一交到铁道部,由清算中心根据单位货物周转量单价和各铁路局在管内完成的货物周转量进行清算。由于不同路段不同货物的运输成本有所不同,仅根据货物周转量进行清算不能反映出各铁路局运输经营的实际情况,难以真正做到公平合理,影响着企业经营的积极性。除此之外,铁路管理部门目前对不同所有制的运输企业之间的结算还没有制定出具体的规范,也影响了其他所有制企业积极参与铁路发展建设的积极性。

铁路运价低,铁路整个行业和线路公司营利能力弱,是社会资本不愿投资铁路的重要原因之一。根据贵州省多条在建和拟建的铁路可行性研究报告的数据,在铁路项目收入基本上为运输经营收入以及少量的营业外收入的情况下,大部分项目的财务内部收益率基本在3%~5%之间(见表4-1)。而且,这还是为项目立项而作的测算数据,建成后的实际经营状况可能更差。

贵州省部分在建和拟建铁路项目效益测算情况一览表　　表4-1

线路	类别	全投资 FIRR(%)		全投资投资回收期(年)	
		税前	税后	税前	税后
贵阳至广州	国家干线	5.8	4.94	18.73	19.76
长沙至昆明	国家干线	4.42	3.88	22.26	
重庆至贵阳扩能	国家干线	6.4	5.58	18.69	19.55
成都至贵阳	国际干线	4.7	4.1	22.4	23.2
贵昆铁路六盘水至沾益段增建二线	路网性铁路	2.42	—	23.78	—
林歹至织金	资源性铁路	3.07	2.67	24.35	24.72
织金至毕节	资源开发性	3.97	3.54	21.24	22.26
织金至纳雍	资源开发性	1.34	1.21	29.9	29.98
久长至永温	资源开发性	3.11	2.72	24.29	24.70
铜仁至玉屏	城际铁路	3.01	2.61	25.27	25.52
贵阳至开阳	城际铁路	3.30	2.85	23.19	23.59
贵阳枢纽白云至龙里	市域铁路	3.87	3.41	23.07	23.72
贵阳枢纽小碧经清镇至白云	市域铁路	1.05	—	31.62	—

资料来源:根据相关线路可研及预可研报告整理而得。

(二)铁路运价机制改革的方向

当前我国各种运输方式均发展较快,竞争性运输市场已基本形成。公路、民航已采取较为灵活的价格政策。长期以来,国家对铁路运价实施较为严格的管制,实行政府定价,企业缺乏自主权,不能根据运输市场和供求关系的变化而进行调整,国家对运价的调整又往往在时间上滞后和低于能源、材料、人员工资等上涨造成运输成本费用的上升幅度。长期以来因政策性原因等非市场原因,除少数资源型运输的铁路项目公司以外,铁路经营总体处于低盈利乃至亏损状态,自身积累很低,在很大程度上影响了铁路的发展。而且,铁路行业还要承担很多公益性运输和不盈利线路的经营,如军事物资、扶贫救灾、军人残疾人以及在校大学生等的运输,只能在全路系统内以效益好的对效益差的进行交叉补贴。这也是社会资本不愿进入铁路的重要原因。要扭转这种不利局面,促进社会资金的进入和铁路的健康发展,应积极推进运价机制改革,建立科学合理的价格形成机制。

1.实施铁路价格分类管理

铁路运价的制订可以有多种类别,包括政府定价、政府指导价、企业浮动价、企业定价等。其中,企业定价又具体包括按成本加利润率定价、按质量定价、议价、合同运价等多种方式。实施铁路价格分类管理,就是针对不同类别的铁路运输,采取不同的价格管理政策。

一是对公益性运输与经营性运输实施不同的价格管理政策。对于公益性运输服务,包括抢险救灾物资运输、支农物资运输、军用物资运输、伤残军人和学生运输、军用客运、市郊旅客运输(如具有城市交通特征的市郊铁路、都市圈城际铁路)、铁路支线运输(如专门服务于林区、矿区、农场等特定地区的通勤运输)、特定物资运输等,采取政府定价。当公益性服务的运价收入低于成本时,政府予以补贴。目前,这部分运输在铁路运输中占有较大比重,据报道,2011 年铁路公益运输线路亏损高达 700 亿元。对于这部分运输造成的亏损,应着力研究制定相应的政府补贴政策。对于经营性运输服务,则主要按照市场经济的规律与原则,实行政府指导价,并给企业一定的浮动权。无论是政府定价还是政府指导价,都要根据社会物价总水平的波动和铁路运输成本的变化,及时进行调整。

二是对大众化铁路运输与中高端铁路运输实施不同的价格管理政策。譬如,普通铁路的硬座以及高速铁路的二等座都属于大众化铁路运输服务,而普通铁路的软座、软卧以及高速铁路的一等、特等座则属于中高端铁路运输服务,其目标群体有着明显不同,前者是普通大众,后者是中高端旅客。对大众化铁路运输价格应采取政府最高限价,而对中高端铁路运输价格则应采取市场调节价。

2.明确企业的市场主体定位,推进铁路运价的市场化改革

赋予铁路企业更多的定价权(包括地方铁路、专用铁路等),使铁路运输价格能结合物价、运营成本、客户满意度、运输产品的特点和供需市场等的变化而变化,提高企业的经营效益以及经营热情和生产积极性。

借鉴国外铁路和我国民航等领域较为成熟的定价经验,逐步推进铁路领域运价的市场化改革。其中包括,根据市场需求,选择长期或短期成本作为定价的底限,灵活运用价格折扣方式;对竞争性货物运输采用合同运价作为主要形式,提供多种运价表现形式;按照运输品质的不同分别计费,实行优质优价;增加合同运价计费方法在供求双方之间的透明度和公布运价计费方法对公众的透明度,简化运费计算等。

3.建立透明的铁路运输成本财务报表制度以及完善清算制度

推进铁路运行成本的透明化,逐步完善铁路成本、收入等核算机制。确定亏损补贴标准的基础,建立分线路成本、收入、支出等核算制度,按区域、线路进行经济核算,并以此作为铁路分类定价的重要依据。逐步建立运输企业定期财务公开和运营情况上报机制,让定价部门和人民大众可以及时地了解运输企业的经营成本变化。在实施运输分类定价时,可选择较发达地区先行试点自主定价,总结经验教训和分析可行性。此外,完善核算监管体系,规范行业内部核算手段和企业内部控制体系,规范各种关联交易行为,确保项目建设和运营成本及财务公开透明,提高建设和经营效率。

完善财务清算机制,重点建立科学合理有效的清算规则和清算标准,逐步形成合理的经营收入分配机制,真正调动运输企业的经营积极性。在改革清算制度时也要注重开发相应的配套计算机清算系统,改进和完善地方运输企业的财务制度。

4.铁路价格水平应保证铁路具有合理收益率

按照现代价格管理思路,合理运价水平应该是在运输成本基础上使企业得到一定的利润。以美国铁路为例,其运价的制定原则是确保铁路具有充足的收益水平,即收益率等于或大于铁路的当前资本成本。目前,美国地面运输委员会每年用主要铁路干线的债权和股权成本计算资本成本,近年来铁路股权拥有者的年收益率为8%~9%。

未来我国铁路货运价格应由政府定价改为政府指导价,增加运价弹性。也就是在"上限管制"和"局部管制"之下,铁路运价将和公路运价一样,随着市场行情上下波动,由企业根据自身的成本进行定价。我国铁路货运平均价格有可能达到0.20元/吨公里左右。同时,铁路客运基准费率也将会进行一定的向上调整,让铁路客运价格与公路大巴形成合理比价关系,使铁路客运也能营利。

(三)提高铁路近期运价水平

我国下一步铁路运价定价权将在更大范围内进一步放开,建立在国家宏观调控下能够适应市场需求的铁路运价定价制度,以充分发挥市场的价格调节作用,使铁路企业能够提升营利能力和服务质量。铁路货运价格将由政府定价改为政府指导价，赋予铁路企业在较大范围内浮动的权利，充分发挥价格的杠杆作用，调节运输需求，增加企业收益。旅客运输将逐步建立以列车运行速度为核心、体现服务质量差异的价格体系，实行优质优价。

《关于改革铁路投融资体制加快推进铁路建设的意见》提出，要完善铁路运价机制，按照铁路与公路保持合理比价关系的原则制定国铁货运价格。2009 年交通运输部、国家发展改革员制订了《汽车运价规则》和《道路运输价格管理规定》，目前除国际联运、跨省集装箱、零担运价、危险品、重点物资运输实行政府定价外，公路货运已接近完全竞争市场的价格机制。但由于运力过剩、市场竞争激烈，运输价格处于低水平，许多运输必须靠超载才能保本和盈利。同时，公路运输市场经营主体众多，各主体的经营水平、组织水平、网络化程度不同，运输效率和运输成本差异很大，运输价格难以准确统计。因此，以公路运输价格作基准确定铁路运价也不尽合理，但可对铁路价格上涨的预期提供了一个大体可预测的空间。

根据相关研究，2012 年全国铁路与公路的货运比价大体为 1∶4.23，客运比价大体为 1∶1.65。根据相关研究的方案，近期铁路与公路的货运比价需要逐步调整到 1∶3 的比例关系，使全国铁路货运价格平均每吨公里达到 0.16 元/吨公里左右，比目前的 0.1301 元/吨公里提高 3 分。这将会对铁路运输企业营利能力产生较大影响，有助于提高中铁总公司的融资能力。

（四）抓紧建立公益性运输补贴制度

《国务院关于改革铁路投融资体制加快推进铁路建设的意见》明确要求，建立铁路公益性、政策性运输补贴的制度安排；在理顺铁路运价、建立公益性运输核算制度之前，考虑公益性运输因素，中央财政将对中铁总公司实行过渡性补贴。

1.合理界定公益性运输和公益性线路

我国铁路运输具有明显的公益性属性，包括公益性运输和公益性线路。公益性运输包括抢险和救灾物资运输、支农物资运输、军用物资运输以及军用客运、伤残军人和学生运输、市郊旅客运输等。铁路运输企业对这些运输业务按规定价格收取的费用低于实际发生的运输成本。公益性线路主要是政府出于政治、经济、军事、国防以及国土开发、消除地区差距等目的而兴修的铁路项目。这些线路的经营收入难以弥补建设成本或运输成本。对于这些类型的运输和线路要加紧研究制定出合理的划分依据和补贴标准,并根据线路运输经营的情况及时动态调整。

2.铁路公益性运输补贴制度安排

目前我国铁路采取交叉补贴方式,即由企业利用从某项业务经营运作中所获得的资源和利润支持另一项业务的经营。这种补贴方式扭曲了铁路不同运输产品的相对价格,不能反映企业真实收入,使经营性亏损与公益性亏损界限模糊。

铁路要进入市场,必然要核算成本、提高收益。把公益性运输或线路的亏损剥离,是铁路企业回归市场的重要一环,也是吸引社会资本进入铁路建设和运营市场的前提。"公益性运输国家补贴,经营性运输自己挣钱"是铁路发展的大方向。下一步将区分经营性运输与公益性运输,建立公益性运输、政策性运输补贴制度,建立健全核算制度,形成合理的补贴机制。

能够分离出来的铁路公益性产品(如纯公益性线路)应完全由政府提供(政府投资建设或购买服务)。不能完全分离的公益性服务,政府与铁路运输企业应签订公益运输合同或协议,明确双方的权利和责任,由铁路运输企业提供服务,政府对其进行补偿。

补贴制度可以采取的方式包括以下几种:

①财政直接补贴,即将公益性运输补贴纳入公共财政支出框架,由国家财政对其进行补贴。

②税费减免抵扣,即对承担公益性运输任务的铁路运输企业实行一定额度的营业税减免抵扣,或者通过税收返还等方式将公益性运输所造成的亏损从商业性运输应交税金中等额扣除;在公司资产折旧等方面给以特殊优惠,降低运营成本;将税收纳入用于铁路基础设施建设的专项基金,使税收重新流回公司。

③无息或低息贷款,即政府根据铁路运输企业所承担的公益性运输情况,在其申请贷款的时候给予一定比例的无息、低息贷款或政府贴息等,作为对公益性运输的补偿。

④倾斜性政策,如实行特许经营权及招投标制度,通过招标选定补偿额要求最小者进行铁路特许运营,或政府采取行政、经济等手段扶持铁路运输企业经办一些营利性的业务,扩大运输企业的收入。

⑤政府购买服务,即政府按照弥补成本的合理价格向铁路运输企业购买公益性运输服务,然后再以公益性的价格供给社会。

⑥铁路运输公益性补偿型基金，即政府部门通过相对稳定的渠道、稳定的周期、合法的手段筹集一定数量的资金作为铁路运输公益性补偿基金，经过对企业运输公益性和损失额度进行系统的分析认证后，对铁路运输企业因承担公益性服务而造成的亏损进行补偿。

第四节　地方政府吸引社会资本投资铁路的主要方式研究

在当前项目投资建设、客货运输经营为一体的管理模式下，项目收入主要来自于客货运输经营服务收入，投资者的投资回报不仅取决于建设成本，更取决于运输经营服务收入和成本支出。然而，当前新建铁路项目的“委托运营”和清算体系、清算价格以及客货运输价格等极大地影响着运输收入、经营成本和运输能力的充分利用。大多数合资铁路都没有营利和投资回报，对未来收益无法预期。没有投资回报的项目，社会投资者是不会投资的。因此，需要通过架构设计和制度安排，使投资者能够对项目收入和投资收益有一个比较明确的预期，才有可能吸引他们投资。

(一)社会投资者投资铁路的主要类型

社会投资者投资铁路主要可以分为直接投资、权益性投资、债权性投资，同时还可分为投资铁路线路等基础设施、投资铁路运营企业。

1.直接投资

直接投资是指投资者将货币资金直接投入铁路项目，形成实物资产，或购买现有铁路企业股权进行的投资。通过直接投资，投资者拥有全部或一定数量的企业资产及经营的所有权，直接进行或参与所投资铁路项目企业的经营管理。直接投资是资金所有者和资金使用者的合一，是资产所有权和资产经营权的统一运动。

2.权益性投资

权益性投资是指为获取所投铁路项目或企业的权益、净资产所进行的股权投资。投资者持有某企业的权益性证券，代表在该企业中享有所有者权益。普通股和优先股就是常见的权益性证券。权益性投资形成投资方与被投资方的所有权与经营权的分离,投资方拥有与股权相对应的表决权和领取股利的权利。其主要特点是:一般没有固定的收回期限和固定的投资收益,投资方只能依法转让出资而不能直接从被投资企业撤资。投资者进行权益性投资,主要考虑所投资项目或企业的获利能力,能否获得较高的回报,以及是否为了影响或控制所投资的企业。

3.债权性投资

债权性投资是指为取得债权所做的投资,如购买铁路建设债券、地方政府债券、企业(或公司)债券等,其中债权投资计划已成为保险等机构投资者投资基础设施的一种重要方式。债权性投资一般是为了取得高于银行存款利率的利息,并保证按期收回本息。它以契约的形式明确规定权利与义务,无论被投资企业有无利润,投资者均享有定期收回本金、获取利息的权利。债权性投资对应的是政府和企业的筹融资,是政府和企业的债务性融资。

(二)按投资线路与运输经营服务相分离的方式构建投资营利模式

只有口号性政策,而没有相应的制度机制保障和营利模式,社会投资者是不会投资建设铁路的。为了使投资者能更直接地明确收入预期,避免因运输经营的各种不合理、不确定的因素而带来的收入和成本风险,有必要将投资线路基础设施与从事运输经营服务的生产活动分离,并建立相应的营利模式,使线路投资者不需要必须通过经营运输服务的方式才能获取经营收入和投资回报,而只需要经营线路资产即可。

在市场体系架构中,分别建立铁路线路资产经营管理公司和铁路运营公司。铁路运营公司租用铁路线路资产经营管理公司的线路等设施进行运输经营,支付线路资产使用费或租赁费,“自主经营,独立核算,自负盈亏”。线路资产使用费或租赁费价格标准由政府依据总投资和合理的投资回报率确定,实施政府指导价。线路资产使用费或租赁费为铁路线路资产经营管理公司的主营收入,经营成本为直接经营费、管理费、线路折旧提取、财务费用等。线路资产公司因执行政府对运营公司的优惠政策而减少资产使用费收入,造成对社会投资者应得收益的损失,由政府提供补贴。

由社会资本为主投资建设的铁路,可选择自主经营,通过运输收入等获取回报。也可按以上架构,以市场化的形式,选择将线路资产租赁给其他愿意承接的运输企业经营。

(三)地方政府吸引社会资本直接投资建设与经营的主要模式和政策

社会资本直接投资铁路主要有两种模式:一种是以社会资本为主(包括独资、联合投资),另一种是以政府投资为主、社会资本参与。还有就是社会资本与政府各占一半股份的模式,但在目前还没有这样实例。无论哪一种模式,政府都是积极鼓励支持的。

1.社会资本投资铁路项目的准入政策

根据2012年5月《铁道部关于鼓励和引导民间资本投资铁路的实施意见》中"鼓励民间资本投资参与建设铁路干线、客运专线、城际铁路、煤运通道和地方铁路、铁路支线、专用铁路、企业专用线、铁路轮渡及其场站设施等项目",以及《国务院关于改革铁路投融资体制加快推进铁路建设的意见》"向地方政府和社会资本放开城际铁路、市域(郊)铁路、资源开发性铁路和支线铁路的所有权、经营权,鼓励社会资本投资建设铁路"的规定,全面开放和鼓励社会资本投资省(自治区、直辖市)域内的各类铁路项目。

鼓励大型企业代省(自治区、直辖市)参与投资建设国家干线项目,由企业以承担省(自治区、直辖市)征地拆迁费用计价入股的方式投资,或代省(自治区、直辖市)承担根据中铁总公司与省(自治区、直辖市)达成的铁路项目建设协议还应出资的资本金部分。具体征地拆迁工作由省(自治区、直辖市)相关部门负责。

允许和鼓励社会资本以独资、多家社会资本联合投资、控股、PPP等多元化的模式投资以省(自治区、直辖市)为主建设的铁路项目(包括城际铁路、市域(郊)铁路、资源开发性铁路和支线铁路),按照平等准入、公平竞争、公平待遇的原则,确定项目业主。

2.地方政府对社会资本投资铁路项目的鼓励政策

各省(自治区、直辖市)应以特许权、投资补助、资本金注入、贷款贴息等措施,积极创造条件,鼓励社会资本投资建设省(自治区、直辖市)域内铁路项目。

政府对所确定的铁路建设项目业主提供特许权协议,以作为项目融资的基础,由项目公司安排融资和负责建设、运营。

政府对社会资本以独资、多家联合投资模式投资的铁路项目提供一定比例的投资补助，或由政府承担征地拆迁费用。

政府对拟由社会资本控股的铁路项目，可以根据达成的协议以资本金注入的方式参与投资。

政府对拟按 PPP 模式建设的铁路项目，可以采取签订购买服务的协议保证一定数量的服务采购，以及根据达成的协议注入一定比例的资本金。

允许和支持项目公司对铁路建设用地的地上、地下空间进行综合开发；统筹安排铁路车站及线路周边用地，支持铁路项目公司按照市场化、集约化原则进行联合开发，以开发收益支持铁路运营，提高铁路项目整体营利能力。

社会资本为主的铁路经营享有与地方政府投资为主的铁路经营同样的政策。

3.近期可重点研究和推行的主要模式

社会资本可以投资铁路项目的方式很多，但目前的铁路市场架构和运营模式无法保障正常投资收益，实际投资的很少。其中，有些模式（比如 BOT）在我国公路等领域也经常被采用，国外也有许多成功用于铁路的例子。但是我国铁路投资收入要靠运输服务经营的二次转换获得（不是直接经营基础设施），受制于运输经营市场的各种复杂因素，缺少真正完全市场化和具有保障性的营利模式。同时，这些投资模式的复杂性（需要谈判的条件多，谈判的艰难以及过程长）严重影响了它们在铁路领域的采用，以致多是在文件、文章中提出研究探索，实际落实的极少。

目前各省（自治区、直辖市）急需近期能够吸引社会资本投资铁路的可操作的有效方式。根据全国社会资本进入铁路情况和相关省（自治区、直辖市）的实际，经研究认为，近期可操作的主要有以下两种模式，应加紧制订具体实施方案和配套措施。

第一种模式是政府与企业合资+土地补偿，即在政府与企业合资建路模式的基础上，以一定数量的土地出让或联合开发作为社会投资者的投资效益补偿，吸引社会资本参与政府为主导的铁路项目投资。

第二种模式是 PPP 模式，即采取政府政策支持以及政府资本金参与的方式，吸引社会资本在政府购买服务协议支持下以公私合营的方式建设城际铁路。也就是由社会资本主导投资建设，政府购买一定数量服务作为支持，同时也可以根据协议注入一定比例的资本。

PPP 模式的典型结构和实质

PPP 模式(Public-Private-Partnership,即公共部门与私人企业合作模式)典型的结构为:政府部门或地方政府通过政府采购的形式与中标单位组建的项目公司签订特许合同,由项目公司负责筹资、建设及经营。政府通常与提供贷款的金融机构达成一个直接协议,这个协议不是对项目进行担保的协议,而是一个向借贷机构承诺将按与项目公司签订的合同支付有关费用的协定。通过这个协议,特殊目的公司(项目公司)能比较顺利地获得金融机构的贷款。采用这种融资形式的实质是,政府通过给予私营公司长期的特许经营权和收益权加快基础设施建设及其有效运营。

PPP 模式的项目融资,主要根据项目的预期收益、资产以及政府扶持的力度,而不是项目投资人或发起人的资信安排的。项目经营的直接收益和通过政府扶持所转化的效益是偿还贷款的资金来源,项目公司的资产和政府给予的有限承诺是贷款的安全保障。

PPP 融资模式是政府的公共部门与民营企业以特许权协议为基础进行全程合作,双方共同对项目运行的整个周期负责。

私营部门的投资目标是寻求既能够还贷又有投资回报的项目,无利可图的基础设施项目是吸引不到民营资本投入的。而采取 PPP 模式,政府可以给予私人投资者相应的政策扶持作为补偿,如税收优惠、贷款担保、给予民营企业沿线土地优先开发权等,可以在一定程度上保证民营资本"有利可图"。

(资料来源:根据相关资料整理)

(四)吸引社会资本权益性投资的主要模式和操作方式

对于吸引社会投资者以权益性方式投资铁路,一是需要相应的投资渠道或平台,二是需要有相应的架构设计和制度安排,以降低投资收益的不确定性和风险。权益性投资的方式很多,包括发行股票、设立产业投资基金等。经研究认为,近期的重点除了加大力度吸引社会资本参与投资建设以外,主要是采取优先股方式、转让既有铁路股权、盘活存量的方式,以及积极争取设立铁路产业投资基金,吸引社会资本和筹集铁路建设资金。

1.以优先股+政府补贴+回购的组合方式吸引大型企业和机构投资

一边是交通基础设施建设缺少投资资金,一边是大型机构在寻找有稳定收入、低风险的投资渠道。实现两者的对接需要对相应的权益性投资模式进行创新。全国社保基金理事会、国资委等部门早已开展了以优先股的方式投资基础设施的研究。

优先股既具有最基本的股权属性,又具有明显的债权特征。优先股的特点是其持有人优先于普通股股东分配公司利润和剩余财产,但一般没有表决权,不参与公司决策管理。它通常预先订明股息率,与债券的不同之处在于其股息从税后利润中支付。在破产清算时,优先股对公司资产的主张先于普通股,但在债务(包括附属债务)之后。

目前许多铁路公司都处于亏损、没有利润可供分配的状况,需要通过一定的创新设计,形成诸如优先股派发股息的投资模式,才能有效吸引保险资金、社保资金、企业年金以及大型企业富余资金的投资。

经研究认为,在当前“网运一体经营”的情况下,对于投资者参与投资各省(自治区、直辖市)主导的铁路项目,可以采取由省(自治区、直辖市)铁路投资公司在铁路建成运营的第一年至第四年(或第五年)支付票面股息的办法,以保证投资者在铁路运营初期能获得合理的投资回报。第五年(或第六年)开始,由项目公司根据公司营利和优先股利润分配约定支付股息。

在发行优先股的条款中设定回购期限和回购条件,以满足投资者结束投资收回资金的要求。同时,在发行条款中也可以设计由投资者决定是否将持有的优先股转换为普通股。

在基础设施资产经营管理与运输经营相分离的体系架构下,优先股获得投资回报的方式是:

一是按照前面所建议的基础设施资产经营管理与运输经营相分离的方式分别组建公司。如果近期还难以办到,仍需要按照传统一体经营的方式,那么企业内部按照基础设施与运输经营分别计费的方式进行核算或者模拟计算。

二是由于目前许多企业的收入还不能覆盖折旧计提,更缺乏能力支付线路基础设施完整的使用费，因此，需要政府对这部分进行补贴，补贴金额以够支付优先股股息为原则，并代运输经营企业直接拨付基础设施资产经营管理公司。或对一体形式经营运输企业的模拟计算的基础设施使用费部分进行补贴拨付，用于优先股股息支付。

三是设定优先股回购的期限和回购条件。为了满足投资者结束投资、收回投资资金的要求，在发行优先股的条款中设定回购期限和回购条件。当然，在发行条款中，也可以设计由投资者决定是否将优先股转换为普通股。

当前的问题是我国的公司法没有规定优先股的相关条款。但是，2014 年 3 月，中国证券监督管理委员会公布了《优先股试点管理办法》。相关省（自治区、直辖市）可以在新设立的铁路项目公司中选择非上市公司先进行优先股的试点，吸引社保、保险等资金投入。

2.设立省（自治区、直辖市）铁路产业投资基金，吸引社会法人资金投入

近年来，由于铁路公司营利能力偏低等原因，社会资本直接投资铁路项目兴趣不大，甚至一些已进入的有想退出的愿望。为此，《国务院关于改革铁路投融资体制加快推进铁路建设的意见》提出了“研究设立铁路发展基金，以中央财政性资金为引导，吸引社会法人投入。铁路发展基金主要投资国家规定的项目，社会法人不直接参与铁路建设、经营，但保证其获取稳定合理回报”的方式，以期较大规模地吸引社会资金。

产业投资基金就是由直接从事实业投资的机构和非银行金融机构共同发起，通过发行基金受益份额，向投资者募集资金，直接投资于目标产业的一种投资制度。因全国性的产业投资基金的管理法规尚未出台，目前产业投资基金的设立都采取试点个案审批的做法，即经国家发展改革委审核，报国务院批准后方可组建。

成立政策性产业投资公司和产业发展基金，已成为许多省（自治区、直辖市）加大基础设施建设和促进产业发展的重要筹集资金的渠道和融资方式。国家先后批准的有渤海产业投资基金、西部水务产业投资基金、东北装备工业产业投资基金、上海金融发展投资基金、广东核电及新能源产业投资基金、山西能源产业投资基金、四川绵阳高科技产业基金、中新基金、天津船舶产业投资基金、武汉循环经济产业投资基金等。产业投资基金也逐渐成为战略投资者以及私募股权投资机构参与产业投资的重要方式。

在铁路产业投资方面已有浙江、安徽、江西三省成立了铁路产业投资基金，都是由各省人民政府批准设立的。还有其他多个省(自治区、直辖市)也计划筹建铁路产业投资基金，以筹集资金用于加快推进铁路的建设。

浙商产业投资基金

2010年7月，由中银集团投资有限公司(中国银行在香港的专业直投机构)和浙江省铁路投资集团有限公司作为主发起人的浙商产业投资基金正式成立，这是浙江省第一家由省政府批准设立的产业投资基金，基金性质为有限合伙。基金第一期规模为人民币50亿元，基金发起人中银投资、浙铁投资分别承诺出资人民币10亿元，其余部分以定向私募方式向符合条件的投资者募集。中银投资浙商产业基金管理有限公司系由中银投资和浙铁投资共同设立的中外合资基金管理公司，注册资本人民币1亿元，中银投资和浙铁投资分别出资65%和35%。管理公司作为基金普通合伙人承诺出资人民币5000万元，并作为执行事务合伙人负责基金的管理和运作。

浙商产业投资基金通过市场化运作和专业化管理，着眼于发掘产业的整体价值，促进产业结构的调整和增长方式的转变。在投资方向上，基金将结合区域经济发展需要，通过产融结合，提供全面的金融和管理增值服务，改造提升传统产业，培育战略性新兴产业，重点投资于海洋经济、基础设施、医疗保健、消费品、新能源和新材料、先进制造业等领域，为区域经济转型升级和经济发展方式转变发挥投资导向和战略引领作用。

安徽省铁路建设投资基金

2011年9月，安徽省铁路建设投资基金正式获得省政府批准设立。2013年4月，安徽省铁路建设投资基金有限公司完成工商注册。这使安徽成为继浙江之后全国第二个拥有铁路产业基金的省份。

根据安徽省政府批复，省铁路建设投资基金由省投资集团控股有限公司和省皖投铁路投资管理公司共同发起设立，省皖投铁路投资管理公司为基金管理人。基金以省相关财政性资金和省地勘基金为来源，先期规模为50亿元。2011年3月，省铁路建设投资基金有限公司与兴业银行达成基金托管协议，为双方未来在共享投资项目资源和提供创新理财产品等方面创造了更广的合作空间。

基金除直接投资铁路项目和铁路融资付息外，还可通过参与省内企业IPO、定向增发、矿产资源整合开发和高成长性项目投资等方式实现增值，基金收益全部用于铁路建设。

省投资集团称，铁路建设基金设立的宗旨就是通过资本运作，统筹解决省级铁路建设资金，偿还铁路到期债务，并实现近期付息、远期还本功能。

江西省铁路产业投资基金

为破解建设资金瓶颈，江西省铁路投资集团公司作为铁路建设投融资平台的省铁路投资集团，筹划开辟多条融资新渠道。在借鉴浙江、安徽两省做法的基础上，结合江西省实际情况，该公司发起设立"江西省铁路产业投资基金"，计划分期募集资金。

江西省面对新一轮铁路建设机遇的到来，"十二五"期后三年将开工建设昌吉赣、九景衢、武九客专、煤运通道岳吉段等项目，省境内总投资近1800亿元，江西省需投入资本金高达230亿元，筹融资任务十分艰巨。

2013年5月，江西省人民政府印发了《江西省人民政府关于设立江西省铁路产业投资基金的批复》，同意由省铁路投资集团公司发起设立江西省铁路产业投资基金。

《批复》要求，江西省铁路产业投资基金在满足我省新开工铁路投资项目资金需求和工程进度要求的前提下，可按市场化原则参与风险可控的多元投资，实现基金保值增值。

江西省铁路产业投资基金总规模150亿元，计划首期规模50元，并于2013年5月底前募集到位。

铁路产业投资基金设立的相关规定

根据国家发展改革委给铁道部关于铁路产业投资基金筹备的批复(发改财金〔2011〕1529号),设立铁路产业投资基金,要设立铁路产业投资基金管理机构;铁路产业投资基金管理机构注册登记后,可以私募方式向工商企业、投资机构、银行、社保基金、保险公司等机构投资者募集资金;要落实引导民间资本投资铁路产业投资基金保障措施,按照市场化、商业化原则组织有关发起人。

批复同时要求,根据《关于合法合规开展募集产业(股权)投资基金的工作指引》,产业(股权)投资基金发起人或产业(股权)投资基金管理机构募集基金须遵守以下规定:

一、募集资金只能以私募方式向特定对象募集,不得通过媒体(包括本公司网站)发布公告、在社区张贴布告、向社会散发传单、发送手机短信或通过举办研讨会、讲座及其他公开或变相公开方式,直接或间接向不特定对象进行推介。

二、只能向机构投资者募集资金,不得向自然人募集资金。

三、不得接受投资者以不明来源或非法资金认缴产业(股权)投资基金的投资资本,且每个投资者的认缴金额不低于1000万元人民币。

四、投资者人数符合法律法规要求,且不得接受多个投资者委托某一个投资者认缴产业(股权)投资基金的投资。以有限责任公司、有限合伙形式设立产业(股权)投资基金的,投资者人数不得超过50人;以股份有限公司形式设立产业(股权)投资基金的,投资者人数不得超过200人。

五、不得以任何方式向投资者承诺确保收回投资本金或获得固定收益,须向投资者充分揭示投资风险及可能的投资损失。

六、所有投资者均应以货币形式出资。

铁路产业投资基金,可以募集机构法人资金、企业资金投资铁路项目,以及按照风险可控的原则,部分用于实施多元投资和铁路沿线等土地开发,以增强基金整体营利能力,保障稳定合理的投资收益。对于投资铁路项目的部分,按照保证稳定合理回报的原则,由省(自治区、直辖市)铁路建设基金(或财政贴息)提供每年3%~4%的收益补贴,加上基金多元化投资经营部分的收益,使基金投资者能够获得6%~

7%的预期年收益。

（五）吸引社会资本债权投资的主要模式和操作方式

各省（自治区、直辖市）铁路除了继续发行政府债券、铁路企业债券、铁路项目债券吸引机构和普通投资者以外，最需要创新开发的是与保险资产管理机构开展“债权投资计划”，吸引保险资金投资。债权投资计划具有融资规模大、融合成本相对较低的特点。此外，以资产证券化吸引信托产品资金投资也是一种方式，但融资成本较高。

1.债权投资计划的发展趋势和融资成本

债权投资计划，是指保险资产管理公司等专业管理机构（以下简称专业管理机构）作为受托人，根据中国保监会2006年发布的《保险资金间接投资基础设施项目试点管理办法》和2012年发布的《基础设施债权投资计划管理暂行规定》，面向委托人发行受益凭证，募集资金以债权方式投资基础设施项目，按照约定支付预期收益并兑付本金的金融产品。

保险业拥有大规模的资金，但其主要投资渠道为银行存款、债券、证券投资基金和股票。相比寿险企业10年到20年之间的平均负债周期，可投资品种的期限往往太短，造成“长钱短用”的结构。巨大的配置压力让保险机构急于寻找到合适的投资渠道。

险资投资基础设施债权计划是保险投资新政的重要一项。2012年10月，保监会发布修订后的《关于基础设施债权投资计划管理暂行规定》，放宽了债权投资计划限制。债权投资计划由于风险低、收益较高（平均年收益率超过6%），已越来越受到保险公司青睐，成为其积极开发和配置的主要产品。很多保险公司都成立了资产管理公司，在这方面加大创新，争取更多的业务，提高保险公司的盈利和促进公司长远发展。

根据现行有关政策，保险公司投资于基础设施债权计划的比例不超过公司上季末总资产账面余额的20%。2012年全国保险资金运用余额为6.85万亿元，基础设施债权投资仅占4.73%，因此未来的发展空间很大。

目前只有大型保险资管公司作为债权投资计划的专业受托人，未成立资管公司的保险公司只能从资管公司认购受托人份额间接参与。太平资管、国寿资管、太保资管、平安资管、泰康资管、人保资管为发起基础设施债权投资计划金额排名靠前的公司。

保监会实施注册制后，至2013年5月太保资产管理公司已经成功发起设立了7个债权投资计划项目，并且于5月15日发起设立"太平洋-中国建筑阳盂高速债权投资计划"，这也是业内第一单无担保债权计划。平安、国寿、人保几家的债权投资计划的新增额度也大幅度增加。从风险承担以及收益来看，险资有将债权计划作为投资新政后的首要选择趋势，并会加大在该领域创新突破。

据保监会统计，截至2012年12月末保险机构累计发售83项基础设施投资计划、11项不动产债权计划，备案金额3025亿元，平均投资年限7年，年平均收益率为6.36%。据了解，目前债权投资计划收益率主要采取挂钩五年期贷款利率、适度上下浮动的方式，不少债权投资计划年收益率都超过6%。好的债权计划基本上还未向行业推介，就被一些与保险资管有合作关系的机构抢购一空。

险资布局新趋势

在经济结构转型和保险投资开放的大变革时代，保险资金正悄然布局一次投资大转型。过去依靠股市博取收益的高风险操作，正逐渐被受益于经济转型而风生水起的另类资产所取代。

逐步抬高另类资产的配置比例，将是未来保险资金投资战略的主旋律。保险业总资产从1万亿跃升至近8万亿，相应可投于权益市场的资金额节节攀升。

从保险公司交出的成绩单来看，显然没有在A股上尝到多少甜头。2008年至2012年，整个保险行业的投资年收益率分别为1.9%、6.4%、4.8%、3.5%和3.4%。远低于5.5%左右的寿险产品精算假设。保险资金结构和收益不能有效支持负债的矛盾十分突出。

在股市没有出现明显反转行情的状况下，缩水权益类占比已成为保险公司的共识。

保险投资新政次第落地，固定收益尤其是另类投资市场正在崛起。险资的特性使其更注重资产与负债相匹配。在近半年时间里，保险公司的资产配置结构悄然调整，对债权计划、投资性房地产、信托等另类投资项目有明显的增持，配置比例已远远超过了权益仓位。

根据主流投行的测算，保险资金运用机制实现高度市场化后，不仅可以避免保险资金投资收益的大幅波动，预计还将提升国内保险行业的长期投资收益率。

2.债权投资计划的相关规定

2013年2月，保监会发文将债权投资计划发行由备案制调整为注册制，进一步简化了债权计划的发行审批程序，并指定中国保险保障基金有限责任公司担任临时注册机构。

中国保监会2006年发布的《保险资金间接投资基础设施项目试点管理办法》中的相关规定是：

第二条 本办法所称保险资金间接投资基础设施项目，是指委托人将其保险资金委托给受托人，由受托人按委托人意愿以自己的名义设立投资计划，投资基础设施项目，为受益人利益或者特定目的，进行管理或者处分的行为。

第十条 投资计划的投资范围，主要包括交通、通讯、能源、市政、环境保护等国家级重点基础设施项目。投资计划可以采取债权、股权、物权及其他可行方式投资基础设施项目。

第十七条 投资计划的受益权应当分为金额相等的份额。受益人可以转让全部或者部分受益权。受益权的受让方应当是机构法人。投资计划受益权转让后，各方当事人的权利义务不因转让发生变化。

中国保监会2012年10月发布的《基础设施债权投资计划管理暂行规定》的相关规定是：

第五条 债权投资计划的受益凭证，应当在中国保险监督管理委员会（以下简称中国保监会）认可的机构登记和存管，并在符合条件的金融资产交易场所发行、交易和流通。

第七条 专业管理机构设立债权投资计划，应当符合下列能力标准：（一）建立专业管理体制，设立专门的子公司或者事业部。（二）信用评级部门或者岗位设置、评级系统、评级能力等达到规定标准。（三）建立科学完善的制度体系，至少包括项目储备库制度、项目评审制度、投资决策制度、信用评级制度、投资问责制度。（四）投资管理、法律合规、资产评估、信用评级、风险管理、会计审计等专业人员不少于20人。

第八条　专业管理机构设立的债权投资计划，应当符合下列要求：(一)专业管理机构已与偿债主体签订投资合同，产品基础资产明确；(二)交易结构清晰，制定投资者权益保护机制；(三)债权投资计划受益权划分为等额受益凭证；(四)中国保监会规定的其他审慎性要求。

第九条　专业管理机构应当以资金安全为前提，审慎选择偿债主体。偿债主体应当是项目方或者其母公司(实际控制人)，并符合下列条件：(一)经工商行政管理机关(或主管机关)核准登记，具备担任融资和偿债主体的法定资质；(二)具备持续经营能力和良好发展前景，具有稳定可靠的收入和现金流，财务状况良好；(三)信用状况良好，无违约等不良纪律；(四)还款来源明确、真实可靠，能够覆盖债权投资计划的本金和预期收益；(五)与专业管理机构不存在关联关系。

第十条　债权投资计划的资金，应当投资于一个或者同类型的一组基础设施项目。投资项目……还应当满足下列条件：(一)具有较高的经济价值和良好的社会影响，符合国家和地区发展规划及产业、土地、环保、节能等相关政策；(二)项目立项、开发、建设、运营等履行法定程序；(三)项目方资本金不低于项目总预算的30%或者符合国家有关资本金比例的规定；在建项目自筹资金不低于项目总预算的60%；(四)一组项目的子项目，应当分别开立财务账户，确定对应资产，不得相互占用资金。

第十一条　专业管理机构设立债权投资计划，应当确定有效的信用增级，并符合下列要求：(一)信用增级方式与偿债主体还款来源相互独立。(二)信用增级采用以下方式或其组合：1.A类增级方式：国家专项基金、政策性银行、上一年度信用评级AA级以上(含AA级)的国有商业银行或者股份制商业银行，提供本息全额无条件不可撤销连带责任保证担保。上述银行省级分行担保的，应当提供总行授权担保的法律文件，并说明其担保限额和已提供担保额度。2.B类增级方式：在中国境内依法注册成立的企业(公司)，提供本息全额无条件不可撤销连带责任保证担保，并满足下列条件：(1)担保人信用评级不低于偿债主体信用评级；(2)债权投资计划发行规模不超过20亿元的，担保人上年末净资产不低于60亿元；发行规模大于20亿元且不超过30亿元的，担保人上年末净资产不低于100亿元；发行规模大于30亿元的，担保人上年末净资产不低于150亿元。3.C类增级方式：以流动性较高、公允价值不低于债务价值2倍,且具有完全处置权的上市公司无限售流通股份提供质押担保,或者以依法可以转让的收费权提供质押担保,或者以依法有权处分且未有任何他项权利附着的、具有增值潜力且易于变现的实物资产提供抵押担保。质押担保应当办理出质登记,抵押担保办理抵押物登记,且抵押权顺位排序第一,抵押物价值不低于债务价值的2倍。

债权投资计划同时符合下列条件的,可免于信用增级:(一)偿债主体最近两个会计年度净资产不低于300亿元、年营业收入不低于500亿元,且符合《管理办法》和本规定要求;(二)偿债主体最近两年发行过无担保债券,其主体及所发行债券信用评级均为AAA级;(三)发行规模不超过30亿元。

第二十条　专业管理机构设立债权投资计划,其业务规模应当与资本状况相适应。专业管理机构净资产与其发行并管理债权投资计划余额的比例,不低于2‰。

3.交通基础设施建设利用债权投资计划的实例

对于交通基础设施项目来说,与传统融资工具相比,债权投资计划的主要优势有:发行规模大,不受净资产规模的限制;发行期限长,投资期限一般在8~10年;偿还方式灵活,企业可根据自身情况合理安排分期偿付的期限与额度;融资较为便利。

保险资金具有规模大、周期长、资金来源稳定等特点,与基础设施类项目一般所需资金量较大、项目营运周期长的特点相匹配。基础设施债权投资计划对于保险资金而言,是风险可控、长期稳定、担保可靠的投资品种。多家保险资管负责人表示:在当下的经济下行期,相比其他投资类别,基础设施债权投资计划有望提供稳定的收益。目前正是配置债权投资计划的最佳时机,将加大基础设施债权计划的投资,更加重视国家级重点工程、大型市政项目、能源项目、交通等项目。

2007年4月,京沪高铁项目运用债权投资计划发行了100亿元的“泰康开泰铁路融资计划”,成为《保险资金间接投资基础设施项目试点管理办法》出台后首个正式签约运作的基础设施项目,有12家保险公司认购。

2009年,泰康资产又成功发起设立“泰康中电投-煤南运铁路债权计划”,筹资总规模为20亿元,用于新建赤峰至锦州铁路项目建设,投资期限7年。

2011年2月,江西铁路投资集团与中国平安资产管理公司共同设立"平安-赣铁集团保险资金债权投资计划",筹资规模额19亿元,获中国保监会正式批准备案。该笔资金用于投资沪昆客运专线杭州—南昌—长沙段等铁路项目。

2011年3月,中国太保旗下的太平洋资产管理公司成功发起设立了"太平洋-泰州长江大桥债权投资计划"。"太平洋-泰州长江大桥债权投资计划"总投资规模为30亿元,全部资金用于泰州长江大桥的建设。该计划对外部机构销售22亿元,对太保集团内部机构销售8亿元。

2011年8月,中国保监会正式通过了由北京市基础设施投资有限公司与中国人寿资产管理公司共同设立的"中国人寿-北京京投地铁债权投资计划"的备案,同意分期募集资金100亿元,主要用于北京地铁6、7、8、9、14号线等项目建设,首期规模30亿元。

2013年3月,太平洋保险资产管理公司成功发起设立"太平洋-日照港码头项目债权投资计划"。该计划募集资金12亿元人民币,投资期限3年,用于日照港码头三个项目的建设及营运。该债权计划偿债主体为日照港集团有限公司,上海浦东发展银行提供本息全额无条件不可撤销连带责任保证担保。此次是太平洋保险资产管理公司首次尝试设立三年期债权计划,也是第一次涉足港口行业。

2013年5月,太平洋保险旗下太平洋资产管理公司成功发起设立"太平洋-中国建筑阳盂高速债权投资计划",该债权计划投资于山西阳盂高速公路项目,募集资金15亿元,期限为10年,偿债主体是中国建筑股份有限公司(601668.SH)。这是在保监会注册通过的第一单无担保债权计划。

2013年5月,太平洋资产管理有限责任公司成功发起设立"太平洋-浙江金丽温高速公路债权投资计划"。该投资计划于同年3月29日经中国保监会指定的保险资产管理产品注册登记中心注册,募集资金20亿元,投资于浙江金丽温高速公路项目,期限3年,偿债主体为浙江金丽温高速公路有限公司,浙江省交通投资集团有限公司提供本息全额无条件不可撤销连带责任保证担保。

2013年5月,兴业银行武汉分行与联投集团、平安银行共同发起设立的50亿元、10年期的保险资金投建湖北城际铁路项目成功落地,不仅开创了湖北省利用保险资金投资重大轨道交通基础设施的先河,也创下了全国单一保险资金债权投资铁路项目的规模之最。

2013 年 8 月,“中国人寿-北京京投地铁债权投资计划”三期顺利发行,金额 34 亿元人民币资金到账。该计划由北京市基础设施投资有限公司与中国人寿资产管理有限公司合作,全部募集资金 100 亿元。该“投资计划”拓宽了公司融资渠道,缓解了轨道交通建设资金压力,为优化公司融资结构和加强保险资金的运用打下坚实基础。

(六)以“融资租赁”模式吸引社会资本投资铁路项目的操作方式

1.融资租赁的概念

融资租赁(Financial Leasing)又称设备租赁(Equipment Leasing)或现代租赁(Modern Leasing),即:出租人根据承租人提供的规格、性能和质量等要求,与第三方(供应商)订立供应协议。根据此协议,出租人按照承租人在与其利益有关的范围内所同意的条款取得工厂、资本货物或其他设备,并且与承租人订立一项租赁协议,以承租人支付租金为条件授予承租人使用设备的权利。这种租赁方式实质上转移与资产所有权有关的全部或绝大部分风险和报酬。资产的所有权最终可以转移,也可以不转移。

融资租赁和传统租赁一个本质的区别就是:传统租赁以承租人租赁使用物件的时间计算租金,而融资租赁以承租人占用融资成本的时间计算租金。它是市场经济发展到一定阶段而产生的一种适应性较强的融资方式。

在我国的现行管理体制下,融资租赁公司作为租赁资产的购置、投资和管理机构,可以是金融机构,也可以是非金融机构。目前,我国金融机构性质的融资租赁公司的审批监督部门是银监会,非金融机构的融资租赁公司的审批管理部门是商务部。金融机构类的租赁公司在很多国家成为租赁组织体系中的主导。

融资租赁案例

中集租赁香港有限公司(以下简称“中集租赁香港”)与 MSC(Mediterranean Shipping Company SA.)签订 5 艘 8800TEU 集装箱船的融资租融合同。合同的主要内容是:

2013 年 7 月 24 日,中集租赁香港与江苏新时代签署集装箱船建造合同(“造船协议”),建造 5 艘 8800TEU 集装箱船(“船舶”),每艘船舶的合约价为 8500 万美元(折合人民币约 5.24 亿元),船舶建造合同总金额 4.25 亿美元(折合人民币约 26.22 亿元)。以上合约价格为经参考同类船舶的平均公允市价及由订约各方公平磋商后确定,买方须于其收到退款担保后 6 个营业日内向造船方支付 2%的首期付款,并于交付船舶的同时向造船方支付 98%的第二期付款。

2013 年 7 月 24 日,中集租赁香港与 MSC 下属公司签署了期限为 204 个月的集装箱船融资租赁合同(“租船协议”)。根据造船协议及租船协议,中集租赁香港会先向江苏新时代购买上述 5 艘船舶,然后向 MSC 下属公司(作为承租人)出租该 5 艘船舶。自船舶交付予承租人之日开始,承租人须于每个月份开始前就租用船舶向中集租赁香港支付每艘船舶日租金 2.5 万美元(折合人民币约 15.42 万元)。在租船协议届满时,承租人将有责任按购买价每艘船舶 2150 万美元(折合人民币约 1.32 亿元)购买所有船舶。租赁付款为参考中集租赁香港就建造船舶支付的代价、中集租赁香港自船舶经纪汇集的市场情报及市况,经双方公平磋商后协议。

在本融资租赁项目中,中集租赁香港的收入主要来源于在 204 个月租期中所收取的 5 艘集装箱船的租金及确定的期末余值买断款。船舶有关融资将安排利率掉期。未来租金收入将保持稳定,不受中长期利率变动、汇率波动等因素的影响。

本项目结构中,中集租赁香港作为总包方,为客户提供融资,整合外部船厂资源,将船舶建造外包,为客户提供综合一站式解决方案。主要合同包括:(1)与江苏新时代签署的集装箱船造船协议,建造 5 艘 8800TEU 集装箱船。(2)中集租赁香港与 MSC 下属公司签署的租船协议,向 MSC 下属公司出租根据前述造船协议购买的 5 艘船舶。

2.铁路基础设施项目建设的融资租赁操作方式

传统融资租赁标的物多为可移动的设备,铁路基础设施项目建设的融资租赁属于创新型事物。铁路具有投资规模大、现金流稳定、周期长的特点,且一般都是国有或国有控股大型企业,因而信誉较好,为融资租赁业提供了广阔的市场空间。

金融租赁公司可以发挥其作为金融机构的融资人和融资渠道的优势，为规模巨大的铁路基础设施项目进行融资。

铁路基础设施项目建设的融资租赁，是将设备融资租赁方式移植到项目建设上，可发挥金融租赁公司的优势，解决铁路项目建设的融资问题。但铁路项目自身的现金流收入可能不足以保障租金的支付，铁路资产对于金融租赁公司来说很难处置和变现，有很大风险。因此，需要进行相应的融资租赁方案设计和保障制度建设，以吸引金融租赁公司。例如，以省（自治区、直辖市）铁投公司作为承租人，将承租的铁路项目交由铁路项目公司运营，由铁投公司向金融租赁公司支付租金，租金来源于项目公司的经营收入以及铁投公司的其他资金来源。

一个铁路项目往往需求的资金规模巨大，可以由多家金融租赁公司组成联合体的方式进行融资。铁路建设项目融资租赁是以省（自治区、直辖市）铁投公司作为承租人，因此还可以将一个铁路项目分为多段，作为多个融资租赁标的物，签订多个融资租赁合同进行融资租赁。而铁投公司作为同一承租人将完整的整个项目交由铁路项目公司运营。

在该融资租赁模式中，标的物（即铁路建设项目）既是承租人提出来的，也是由承租人负责建设的，实际上是一种委托购买融资租赁（即出租人委托承租人购买租赁物，出租人根据合同支付货款）。具体的项目流程如下（图4-3）：第一步，省级

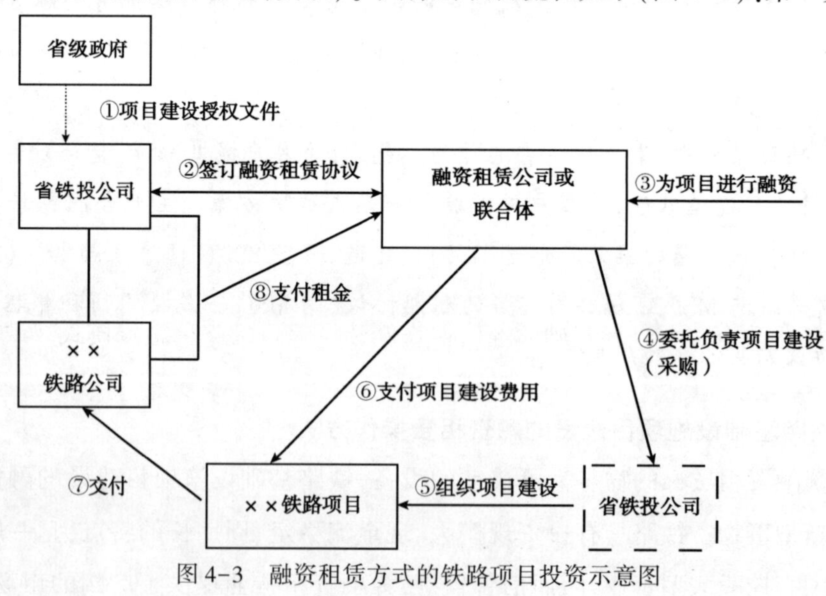

图4-3　融资租赁方式的铁路项目投资示意图

政府签发某铁路建设项目授权文件；第二步，省铁投公司按照政府要求，与融资租赁公司签订融资租赁协议；第三步，融资租赁公司组建项目融资公司为项目进行融资；第四步，签订项目建设协议，融资租赁公司委托铁投公司主持项目建设；第五步、第六步，铁投公司按协议确定的技术标准组织项目建设，融资租赁公司按协议和工程进度支付项目建设费用；第七步，融资租赁公司（项目出租人）将建成后的项目交由省铁投公司（项目承租人），省铁投公司按照事先确定的铁路运营管理模式将该项目交由（或委托）铁路公司运营；第八步，铁路公司或省铁投公司按照协议约定向融资租赁公司支付租赁费，并在约定的期限购买残值后，拥有铁路项目资产所有权。

3.主要大型的融资租赁公司

截至2011年年底，全国注册运营的融资租赁公司约有296家，其中包括金融租赁20家、内资试点融资租赁公司66家和外商投资融资租赁公司210家，注册资本金合计超过1022亿元，其潜在租赁资产承载能力可高达1万亿元以上。

金融租赁公司背靠银行，较易突破一般银行贷款的授信额度和行业限制，快捷实现铁路项目融资租赁业务。此类公司为项目进行融资时，购置成本的小部分由租赁公司投资承担，大部分可由租赁公司组织向银行等其他金融投资机构获得融资进行补足。与金融租赁公司相比较，其他类型的融资租赁试点企业在从银行获得融资方面的难度更大一些。目前，资产规模和实力较大的金融租赁公司有工银金融租赁有限公司、民生金融租赁股份有限公司、国银金融租赁有限公司、华融金融租赁股份有限公司、建信金融租赁股份有限公司等，其中国银租赁、工银租赁、民生租赁三家总资产规模均逾千亿元。

4.融资租赁与BT融资、出售回租的不同

BT是英文Build（建设）和Transfer（移交）的缩写形式，意即“建设—移交”，是政府利用非政府资金进行基础非经营性设施建设项目的一种融资模式。政府根据当地社会和经济发展需要对项目进行立项，完成项目建议书、可行性研究、筹划报批等前期工作，将项目融资和建设的特许权转让给投资方（依法注册成立的国有或私有建筑企业）。政府与投资方签订BT投资合同，投资方组建BT项目公司。投资方在建设期间行使业主职能，对项目进行融资、建设，并承担建设期间的风险。银行或其他金融机构根据项目未来的收益和投资方的经济实力等情况为项目提供融资贷款。项目竣工后,按 BT 合同,投资方将完工验收合格的项目移交给政府,政府依约定总价(或计量总价加上合理回报)按比例分期偿还投资方的融资和建设费用。

与融资租赁方式比较,BT 模式中项目的建设由投资方实施,政府只是行使监管权力。而在融资租赁方式中,项目的建设由省(自治区、直辖市)铁路投资公司负责,政府对项目建设中的管控能力更强。在 BT 模式中项目建设完成后,政府需要在较短时间内进行赎回,资金需求后延时间不是很长。而融资租赁中,除支付每年租金之外,大笔资金需求后延二三十年,而且最后只需购买残值即可得到项目的所有权。

融资租赁与出售回租最大的不同在于:出售回租的标的物是自己已经拥有或已建成的项目,将其出售再回租,以盘活资产、筹集资金。而融资租赁是标的物还未生产或建造,自己也不拥有。铁路企业大多有占用资金数额较大的固定资产,通过售后回租的形式可以盘活部分资产,实现滚动发展,或补充企业扩大再生产所需的流动资金。采用融资租赁是为了解决新建项目的资金融资问题。

第五节　部分省(自治区、直辖市)吸引社会资本投资铁路的实例

为推进铁路建设发展,我国很多省(自治区、直辖市)都在不断地探索铁路投融资的新模式。在吸引社会资本方面,广东、江苏等地探索出了一些有借鉴意义的融资方式。

(一)企业直接投资

铁路线路由企业直接主导投资建设和经营模式最具代表性的是朔黄铁路。该铁路是由中国神华能源股份有限公司控股,太原铁路局、河北建投交通投资有限责任公司参股建设的货运专用线。其中,中国神华能源股份有限公司出资 31 亿元,占股比 52.72%;太原铁路局出资 24.2 亿元,占股比 41.16%;河北建投交通投资公司出资 3.6 亿元,占股比 6.12%。企业主导建设铁路的模式,对于企业自身的要求

较高，同时要有足够的本线运量作保障。

朔黄铁路全长586公里，西起山西朔州，东至渤海湾的河北黄骅港，是我国第二条西煤东运大通道。朔黄铁路集团公司是我国第一个煤炭、铁路、港口综合经营的企业。朔黄铁路于2000年5月18日开通运煤，2004年9月29日实现双线电气化全部贯通，提前6年达到1.6亿吨的2010年远期设计运输能力，创造了我国铁路建设史上的奇迹。

至2010年12月31日，朔黄铁路已累计运煤9.7亿吨，实现运输收入626亿元，总利润253亿元，为股东分红131亿元。至2011年5月底，朔黄铁路实现安全运营11周年，累计完成煤炭运输量10.54亿吨，实现运输收入670亿元，上缴国家利税113.6亿元。

朔黄铁路公司按照“源于国铁，优于国铁”的发展思路，实施了体制创新、机制创新、制度创新和管理模式创新，创出了一条独具特色的合资铁路发展之路，形成了独具特色的“朔黄模式”，得到了国务院有关部门的充分肯定。国家发改委下达了《以朔黄铁路为对象，研究我国铁路投融资体制改革政策，总结合资铁路运管模式》的课题，国务院国有资产监督管理委员会向189家中央企业介绍了朔黄铁路公司运营管理经验。朔黄铁路创出了“多方投资、合作建路、优势互补”的合资铁路建设与发展的新模式。

（二）采用投资共担模式，建立省市共建机制

许多省（自治区、直辖市）采取“谁受益、谁投资”的原则，由铁路沿线市、县（市、区）合理分担出资比例，以资金或土地开发收益出资，实现资金筹措的多元化。这种机制，既增强了铁路建设资金保障力度，节约了投资，提高了效率，又有效调动了地方政府积极性，密切了与地方政府的配合，强化了征地拆迁等工作的协调力度。

为加强全省铁路投资的统筹和调度，各省（自治区、直辖市）地方投资方建立了“统一行权、明晰权益、分路核算、集中管理、接受监督”的投资管理制度。如福建省以福建铁投作为省方投资主体、联席会议召集单位，九个设区市作为联席会议成员单位，由福建铁投与各设区市铁路投资主体签订了《铁路建设项目委托代理投资协议书》，规范了省、市两级委托代理投资行为。此外，福建省政府另外安排财力较强的厦门市统筹一部分资金交给省方，用于减轻福建铁投的出资压力。

贵州省现行铁路项目投资出资方式

贵州省目前的铁路建设都是以国家主导投资建设、贵州省参与投资建设的合资铁路模式,省发展和改革委员会作为贵州省政府出资人,贵州铁路投资有限责任公司作为出资人代表。

贵州铁路投资有限责任公司注册资本金76.1亿元,由4家股东组成,分别为贵州省发展和改革委员会(出资50.1亿元)、中电投贵州遵义产业发展有限公司(出资19亿元)、中国贵州茅台酒厂有限责任公司(出资5亿元),贵州赤天化集团有限责任公司(出资2亿元)。

至2013年,贵州铁路投资有限责任公司持有贵广铁路、长昆客专、黄织铁路、渝黔铁路股权。其中,由省铁投作为贵州省出资人代表出资贵广铁路,国家批复贵州承担省境内段49%的资本金计76.1亿元,后经努力争取,铁道部同意调减至57.1亿元;长昆客专、渝黔铁路扩能等国家干线项目,国家批复贵州省承担境内征地拆迁费用。此外,贵州有黄织、水红两家合资铁路公司,贵州省应出资部分主要是由省铁投公司和省内其他企业共担。黄织铁路是由贵州省出资人与成都铁路局组建合资铁路公司,省方出资的股东有:国电贵州分公司、贵州省开发投资公司、中电投贵州金元集团、贵州黔东电力公司、水城煤电有限公司、安顺市国有资产投资营运公司、毕节信泰投资公司、贵州省铁路投资公司、毕节铁路投资有限公司等。水红铁路是由贵州省出资人代表贵州省产业投资(集团)有限责任公司与昆明铁路局组建合资铁路公司,其中贵州省出资人代表占股份的42.66%。

贵阳市域铁路项目资本金由贵阳市与成都铁路局共同出资,成立贵阳市域铁路有限责任公司,负责投资建设包括贵阳市铁路环线、贵阳至开阳、林歹至织金、久长至永温铁路。国家批复贵阳市承担贵阳至开阳、久长至永温、林歹至织金三线10%的资本金,白云至龙里北12%的资本金,以及这4个项目的征地拆迁费用,批复概算20.6亿元。

(三)开展多种经营和综合开发

有越来越多省(自治区、直辖市)的铁路投资公司依托铁路建设主业,积极向其他行业、产业拓展，并依托铁路周边土地与设施进行综合开发，不断提高自身实力、融资能力和偿债能力，形成了铁路建设与多种经营、综合开发相互依存、相互促进的良好格局。

江苏交通控股有限公司已形成以公路、铁路、港口、机场等交通基础设施投资经营为主，电力能源、物流运输、建设施工、金融租赁、创业投资、通用航空、酒店管理等多个行业齐头并进的发展局面，并参股华泰证券。南京铁路建设投资有限责任公司积极参与南京铁路南站设计，通过优化设计方案，形成高架候车层、站台层、地面一层(即铁路、公路客运、地铁、公交和出租车的无缝转接)、地下一层、地下二层的构架，新增30万平方米商业地产，为日后经营和发展提供了较大空间。

安徽投资集团有限责任公司主业包括铁路、汽车、建材、化工、高科技、金融、房地产、矿业、风险投资等，迄今已投资参股合九、合宁、合武、合蚌、合福、宁安城际、京沪高铁等铁路公司，参股奇瑞汽车、安凯客车、星马汽车等汽车项目，参股中石化股份、铜化集团、安庆曙光等化工企业，控股海螺集团等建材公司，相对控股安徽投资控股，参股华安证券、长盛基金、国元农业保险、长安责任保险、安徽安泰期货、安徽华安期货等金融类企业，加大金融投资和资本运作。

广西铁路投资集团有限公司通过政府积极协调，在财政注入的铁路建设资金中拿出6亿元开展多元化经营，注册成立了全资子公司——广西冠信实业有限公司，主营国内外贸易和房地产开发。

云南铁路投资有限公司获得大股东云南省投资控股集团有限公司注资2亿元用于多元化发展，兼并了云南铁投恒维实业发展有限公司，主营物流、土地开发等。

湖南省铁路投资集团有限公司组建湖南铁投银城高速公路有限公司，以BOT模式投资319国道益阳南线高速公路。此外，公司还牵头组织省财政厅所属4家公司共同组建湖南财鼎投资有限公司，投资常德武陵文化创意产业园项目；成立湖南铁投商贸物流发展有限公司和湖南铁投保险代理有限公司，开展铁路相关服务贸易、保险经纪等业务。该公司参股湖南省第一家区域性的保险公司吉祥人寿保险股份有限公司、湖南炎帝资产管理有限公司和三湘湘雅实业有限公司。

(四)融资模式创新

许多地方政府对铁路投资公司采取注入优质资产方式以保证融资能力。这既为对原有融资平台进行整改以做到现金流全覆盖创造条件,使铁路投资公司成为实体,退出政府融资平台名单,也为开展多元化经营奠定基础和实力。

许多地方的铁路投资公司还根据自身股权架构、资产结构,产业投向、债务构成等因素,结合铁路投资计划,不断采用各种不同金融工具,在银行贷款以外的直接融资方面取得积极进展,实现了渠道多元、结构合理、价格适中、风险可控的融资目标。

广东铁路建设投资集团有限公司将省财政投入公司 50 亿元资金长期保留在账上,作为贷款融资信用基础,向商业银行周转贷款 130 亿元。该公司积极依托省政府支持,通过广东恒健投资控股有限公司发行 100 亿中期票据。

湖南省铁路投资集团有限公司积极引进保险资金,与深圳平安信托有限责任公司签订《关于保险资金债权投资计划合作框架协议》,融资 30 亿元。

云南铁路投资有限公司目前正在积极开展股权信托资金、发行中期票据、保险债权融资、短期融资券、土地开发项目贷款等融资工作。

四川省铁路产业投资集团有限公司正利用已运营的达成线、泸纳线等铁路优质资产打包上市,拟融资 10 亿元。

广西壮族自治区政府统筹安排,利用 20000 多亩土地筹集资金支持铁路建设,其中直接划拨到广西铁路投资集团公司名下的有 2300 亩(位于南宁市中心地带),其余的划拨到铁路沿线各市、县。土地全部交由广西铁路投资集团公司负责运作,利用土地开发收益筹资 90 亿元,向银行贷款融资 90 亿元。

重庆交通投资有限公司已经完成债券融资 28 亿元、信托融资 20 亿元,2013 年又开展了发行中期票据 30 亿元的融资工作。

江苏交通控股有限公司广泛应用了短期融资券、企业债券、保险债权计划、ABS 资产证券化产品等直接融资产品。截至 2010 年年底,累计直接债务融资 571 亿元,其中本级为 447 亿元(短期融资券 334 亿元、企业债券 83 亿元、保险债权资金 30 亿元),下属子公司为 124 亿元(宁沪公司短券 60 亿元、宁沪公司公司债 11 亿元、天电公司 ABS8 亿元、金融租赁公司金融债 5 亿元、连徐和扬子保险债权资金各 20 亿元)。

(执笔人:罗仁坚　宿凤鸣　樊一江)

第五章

交通基础设施投融资体制改革的总体思路和方案

内容提要

改革方案和措施要符合长远改革总体设计要求，立足实际和可能，保障交通建设投资的平稳发展；充分发挥政府和市场各自的侧重作用以及互补性，提高资源配置与资金使用效率。要大量吸引社会资本进入，不能仅研究投资政策问题，还必须一同研究相应的市场体系和制度机制保障，以及社会资本投资的营利模式问题；要加强社会资本进入的平台和渠道建设。要合理划分中央政府与地方政府对不同交通基础设施建设的责任主体，并建立相匹配的筹资渠道。

第一节　深化交通基础设施投融资体制改革的基本要求

（一）改革的总体方向

根据交通基础设施的基础性和公共物品属性，以及不同层级交通基础设施公共属性的强弱，充分发挥政府和市场各自的侧重作用以及互补性，提高资源配置与资金使用效率。科学界定政府投资的范围和资金重点投向，合理划分中央政府与地方政府对不同类型项目的投资事权；扩大市场化投资领域和范围，营造有利于社会资本进入的市场和政策环境，保护投资者合法权益，积极吸引社会资本更大规模地投资交通基础设施建设；保障合理发展速度和对交通建设资金的需求，并加强城际交通建设，适应城镇化加快发展的要求；加大路网整体构建和各层级路网的合理发展，促进普遍服务的一般路网与骨干作用的高等级路网的协同发展，满足大众化需求与促进集约化。全面建立"政府推进和引导，市场化为导向，投资主体多元化，融资多样化，注重效益，满足各层次交通需求"的交通基础设施可持续发展的投融资体制。

（二）改革的基本要求

1.方案和措施要符合长远改革总体设计要求，积极创新

交通基础设施投融资体制机制改革和创新要符合建立完善的社会主义市场经济投融资体制的长远改革总体设计要求，有利于未来的进一步深化改革。根据国家投融资体制改革的发展方向和交通基础设施投资建设与运营的具体特征，加大创新和完善的力度。

2.立足实际和资金筹集能力，保障交通建设投资的平稳发展

现有的投融资体制和筹资渠道是随着经济体制改革、交通运输发展不断探索实践逐步发展形成的，对促进交通建设发挥了很大作用，但也逐步遇到发展瓶颈。交通建设资金需求规模大，而政府性交通资金不足、债务负担重、融资能力下降等问题突出。要根据国家财税体制改革的大方向，立足于当前的实际要求和可实现性，研究资金供给的可能性，保障合理投资规模和交通建设平稳发展。

3.构建分类投资体系，充分发挥政府与市场作用

根据交通规划项目的路网功能和管理部门，明确中央和地方的建设责任主体，合理划分投资事权；根据交通项目公共属性的强弱，实行公益性、准公益性、经营性的分类投资方式，合理界定政府投资范围，扩大市场开放，创造条件，鼓励和吸引社会资本进入；构建充分调动各级政府积极性、投资主体多元化的投资体系，在政府主导的模式下，尽可能地增大社会投资比例。

4.加强市场化运作，提高政府资金的作用和投资效益

加大政府投资项目的市场机制引入，对于具有一定投资回报能力的准公益性项目，积极采取特许经营、投资补助、税费优惠或减免等方式，吸引社会资本投资建

设,发挥政府资金的引导作用和投资效率。对于政府投资的公益性项目,严格实行公开的招投标制度以及“代建制”,保证项目质量和节约投资。

5.维护公平竞争和保护投资者合法权益

制度和措施要有利于各类投资者平等进入、公平竞争,有利于投资者维护自身的合法权益,以及不损害公众利益。

第二节　深化交通基础设施投融资体制改革的总体思路

深化交通基础设施投融资体制改革的总体思路是:全面贯彻落实党的十八大和十八届三中全会精神,以邓小平理论、“三个代表”重要思想、科学发展观为指导,坚持以转变发展方式为主线,根据交通基础设施的属性和发展规律,统筹政府与市场、公益性服务与经营性服务、当前与长远的发展关系;实施项目分类投资制度和各级政府分级负责投资建设制度;进一步推进交通基础设施投资建设和运营市场化,放宽和有效落实市场准入政策,加大各类项目市场化运作。明确政府职能,合理界定政府投资范围,实现政府由全面投资向重点投资、引导性投资、公益性项目投资的战略转变;建立健全市场价格机制和监管体系,建立公益性项目投资与运营补偿制度,创造条件吸引社会资金、民间资本更大规模地投资交通基础设施建设;增加政府财政投入,按照用好增量、盘活存量的原则,进一步拓宽筹融资渠道,加大创新。

(一)建立“政府科学规划、适度超前、积极量力推进”的项目建设宏观管理制度

交通基础设施是公共服务设施,既要占用一定的土地和空间等公共资源,又要合理布局和连成网络,提供公共服务。这就需要由政府负责统一规划,进行系统性的顶层设计,处理好与国民经济发展相适应的关系,协调不同运输方式的发展以及地区间的平衡问题,并合理安排不同项目的建设实施时序。以往编制了很多交通发展规划,但都调整大、变化快,缺乏约束力和连续性。要使交通基础设施保持合理的发展速度和建设规模,必须要有科学的规划作基础和依据。一方面要提高交

通规划的编制水平，加强交通发展战略研究和总体架构设计以及不同方案的论证比较；另一方面，经过政府批准通过的规划要具有法律效力，不得随意调整修改，是项目建设的依据。建设项目必须是列入规划的项目。交通网发展规划的编制要按网络功能层次和事权进行划分，国家交通主管部门负责全国性的干线网络规划，省级交通主管部门负责本区域的交通网络规划。

规划项目的推进建设，要根据交通基础设施的基础性、先导性作用，按照适度超前的原则进行合理安排。在目前交通基础设施发展水平已基本适应国民经济发展的情况下，要综合考虑交通需求增长、项目投资的经济和社会效益、资金供给等因素，在中长期规划的周期内进行统筹合理安排，使交通基础设施建设既得到积极推进，又不会造成资金供给紧张或付出的代价太大（一些项目过早建设，政府往往需要对社会投资者提供更高额的补偿，或造成运输能力过多闲置浪费）。要避免规划项目大规模提前集中建设，形成融资压力和高债务、高风险等问题。

（二）建立分类投资制度和公益性项目投资与运营补偿制度

交通的基础性，决定了交通基本公共服务的普遍性要求。交通供给产品的多样性和成本的差异性，决定了基本交通服务以外产品的可选择性消费特性。当然，对于基本交通服务的技术和质量水平的要求是随着经济发展水平和政府提供公共产品的能力增强而不断提高，如通村公路从通路到油路（或水泥路）、等级路，通乡公路从通路到三级路、二级路等。但无论是从政府提供公共产品的能力还是资源配置效率、社会公平的实际要求来看，提供普遍性基本服务的层次是有一定限度的。在交通实际需求与供给中，存在着差异性的交通服务。对于更高层次的交通需求，可以按照准公共产品和商业化的原则给予满足。

总体上，交通基础设施是支撑经济社会发展的社会性基础设施，是政府根据经济社会发展需要、交通网络布局需要而规划、修建的公共服务设施，具有公共服务和公共产品的属性特征。但是，由于不同类型交通基础设施的公共属性强弱不同、可经营的条件不同、经营的预期收入水平不同，可将其分为公益性、准公益性、经营性三类。公益类项目为满足基本交通需求，无收入现金流（如普通公路、农村公路、内河航道等）或收入现金流很小，远不足以支付投资和经营的成本（如国防铁路、扶贫开发性铁路、边远地区支线机场等）的项目；准公益类项目为提供交通公共服务,在技术特性和成本代价上具备经营条件(如高等级公路、铁路、机场等),但预期的收入不足以支持收回全部投资或投资回报率太低的项目;经营类项目为提供交通公共服务,具备经营条件且预期收入可以支持获得投资回报的项目(如满足高层次交通运输需求和私人交通服务的商务机飞行、游艇码头等)。

虽然政府对规划建设的交通基础设施负有供给责任,但对于公益性、准公益性、经营性不同类型项目可以采取不同的供给方式。例如,公益性产品可以由政府直接提供(免费或以准公共产品经营方式),政府和企业合作以准公共产品经营方式提供,政府授权或委托企业以准公共产品经营方式提供。而对于非基本交通服务的不同层次的交通需求可以采取准公共产品优质优价的收费标准,以收回全部成本或部分投资成本的方式实现滚动发展。由此,需要建立相应的分类投资制度,以适应这样的供给原则和发展模式。

对于准公益性、公益性项目,政府要建立投资和运营补偿制度,鼓励和吸引社会投资者进行投资、提供服务,以解决政府投资资金不足与提高人们生活质量要求的矛盾问题。

(三)推进政府由全面主导向"政府引导,分类投资,经营性项目全面市场化"的方向转变

目前,包括公路、港口、铁路、机场各种运输方式的基础设施投资建设已面向市场开放,社会投资者进入没有政策障碍,也取得了一定成效。但在实际操作中,政府并不愿意将投资效益好的项目推向市场,交由社会投资者投资建设和经营。政府主要是因为这类项目可以收回投资资金和获取收益,并将获取的利润用于滚动发展和交叉补贴给效益差的项目,以及用来支撑统借统还的融资方式。政府主导了各类交通基础设施的投资建设,不仅导致交通基础设施投资建设市场化程度远远不够,而且又因政府很大一部分资金投向效益好的项目,公益性质的项目投资比例低、投入资金严重不足。

交通基础设施投资建设下一步改革的方向和重点应该是按照政府与市场的职能分工,进一步加大以市场化为导向的改革,充分发挥市场配置资源的决定性作用,吸引社会资金更大规模地进入。要使投资模式从"政府全面主导"向"政府引导,分类投资,经营性项目全面市场化"的方向转变,改变政府全面主导的局面,就

必须根据政府经济性公共服务职能(提供公共产品和公共服务,维护市场秩序,确保公平竞争,实施宏观经济调节,支持社会保障制度,提供一般福利设施等)合理界定和严格明确政府的投资范围和重点,把能够由社会投资建设或创造一定条件能够吸引社会投资建设的项目尽可能地交由社会资金投资建设。政府投资主要用于需要政府控股的重大干线项目、需要政府进行投资引导(社会资本参与投资)的项目、市场不能有效配置资源的公益性项目等。

要实现上述目标,仅在理论上划分和界定是不够的,还必须要从制度上有效缩小政府直接投资的范围和改革政府全面主导的投资建设模式,减少政府主导投资对社会资本的挤出效应,真正为社会资本腾出空间。要做到非必须政府控股的项目、经营性项目、可经营的准公益性项目优先吸引社会投资主体进行投资建设,必须政府控股的项目也要鼓励和吸引社会资本参与投资。

要合理界定和划分中央政府与地方政府的投资事权。目前除国家铁路和少数机场(首都机场、西藏机场)归属国家管理和建设以外,公路、港口、机场实行的是属地化管理体制。根据国务院2004年7月发布的《关于投资体制改革的决定》、2005年2月发布的《关于鼓励支持和引导个体私营等非公有制经济发展的若干意见》、2010年发布的《国务院关于鼓励和引导民间投资健康发展的若干意见》,以及现行的交通管理体制、交通规划体系、各类交通专项基金的征收与使用管理办法,中央政府的主要投资职责应明确在:国家干线项目建设,补助农村和落后地区交通基础设施建设。省级政府主要投资建设职责是:负责本级政府规划的交通项目的投资建设,负责本区域国家规划的国家公路、机场、重要港口和内河航道的建设,参与本区域国家干线铁路项目的投资建设,支持和补助农村交通基础设施建设。

(四)加大基础制度和运营环境建设,构建适合社会资本进入的(铁路运输)市场体系

仅有政策,而没有相应的市场体系和制度机制保障,没有营利模式,社会资本还是不会进入的。铁路之所以社会资本进入很少,主要是因为它没有建立适合于投资者进入的制度环境和市场体系架构。铁路网络化运营的要求非常强,除了某些本线运量非常大而且相对独立的线路可以独立经营获取较好收入以外,一般的线路都要与大路网相连和互通运营才能完成整个运输过程和获取相应的运输收

入。目前,由于制度和市场体系不健全,铁路采取的是“网运一体经营”模式,投资建设铁路不能像直接经营公路那样以收取车辆通行费获得收入,必须通过经营铁路客货运输业务获取收入。投资新建的线路必须委托所属铁路局运输管理(即委托运营),向铁路局支付较高额的委托经营费用。这种市场体系架构实质上是既有市场主体(中铁总公司和下属的铁路局)的寡头垄断,阻碍和排斥了其他主体的进入与竞争。地方政府以及社会投资者以合资形式参与投资建设铁路,实际上却没有经营权、决策权。委托经营费是按铁路系统的清算标准计算的,表面看似合理,但实质上是铁路系统内部生产型的清算标准和方式(相当于工作量的货币计量)。铁路系统各路局之间拥有大量相同的交叉业务,清算标准的高低对其运输收入的直接影响不大(很大一部分可以相互抵消),但对于某一条线或规模较小的公司则影响很大。另外,铁路运营还存在着大量的关联交易。在这种市场体系架构下,投资者对投资建成的线路的未来经营状况以及收入、成本支出等很难预测,权益保障前景不明,导致社会投资积极性不高。

公路、港口的社会投资者进入较多。一方面是其投资项目不需要像铁路那样依靠网络化经营来获取收入;另一方面更重要的是建立了适合各类投资者进入的统一透明的投资与经营规则,以及由地方政府提供的包括土地开发等方式的投资补偿制度等,投资者可以根据规则进行自主经营,直接从市场获取收入,收入预期明确,权益有保障。

对于铁路来说,需要通过进一步深化改革,加强符合市场化要求的相关基础性制度的建设、规则的制订、定价机制的改革等,使各类投资主体能够真正平等进入、公平竞争,才能吸引社会资本进入,有效推进分类投资方案的实施。

1.建设平等准入制度

要清理行业中有碍公平竞争的政策法规,规范设置投资准入门槛,创造公平竞争、平等准入的市场环境。落实《铁道部关于鼓励和引导民间资本投资铁路的实施意见》(铁政法〔2012〕97 号),市场准入标准和优惠扶持政策要公开透明,对各类投资主体同等对待,不单独设置附加条件。国家、地方政府规划建设的铁路干线、客运专线、城际铁路、煤运通道和地方铁路、铁路支线、专用铁路、企业专用线、铁路轮渡及其场站设施等项目,全部向社会资本开放,除了国家必须控股的重大项目以外,允许社会投资主体以独资、联合投资、控股、参股等方式进行投资建设或购买股权、经营权；在项目审批、线路接轨、网络化运营、公益性运输负担等方面，遵循统一、平等、公平的规则，建立健全相应的规章制度。对于经营性铁路项目、政府实施投资补助的铁路建设项目，建立和完善项目业主招标投资制度。

2.建立线路投资经营与运输服务经营相分离的铁路投融资体系架构

为了使投资者能够更直接地明确收入预期，避免因运输经营的各种不合理、不确定的因素而带来的收入和成本风险，有必要将投资线路基础设施与从事运输经营服务的生产活动分离，并建立相应的营利模式，使线路投资者不必通过运输经营服务就能获取经营收入和投资回报。就像投资收费公路、机场一样，经营基础设施就能获取收入和投资回报。

铁路运输市场化是改革的方向，而通路权的开放和市场经营主体的平等竞争是基础。网运一体的经营模式影响了通路权开放，阻碍了市场竞争。同时，巨额的建设债务和财务费用负担也阻碍了运输企业发展。为了有效解决铁路债务影响铁路发展的问题，同时构建符合铁路特点的和适合社会投资者进入的建设与运营体系架构，创造运输经营的市场化竞争条件，体现“线路建设政府主导、线路运营市场化”的发展原则，按照“线路资产经营与运输经营服务相分离”的模式分别组建线路资产经营管理公司和铁路运输经营公司，将是未来铁路改革的重要方向。

线路经营管理公司将线路资产租赁给铁路运输经营公司，收取使用费(租赁费)。铁路运输经营公司租用铁路线路资产经营管理公司的线路等设施进行运输经营，支付线路资产使用费(租赁费)，完全“自主经营，独立核算、自负盈亏”。线路资产使用费或租赁费价格标准由政府依据总投资和合理的投资回报率确定，实施政府指导价。线路资产公司因执行政府对运营公司的优惠政策而减少资产使用费收入，造成对社会投资者应得收益的损失，由政府提供补贴。

如果这种模式和市场体系架构形成，社会投资者就可以仅投资建设线路，而不需要经营运输业务，而且仅需要对线路使用费的收入做出预测判断就可以得出比较明确的收益预期，减少了运输经营环节的各种不确定性和风险。同时，进入成本降低(不需要购买机车车辆等运输设备)，克服了铁路运输经营资格、经营人才和队伍方面的障碍问题，更有利于社会投资者进入。

3.构建多元化市场主体、自主经营的铁路运输市场体系

影响投资者进入铁路建设的另一个因素是话语权、决策权、自主经营权。在当前的合资铁路模式下，社会投资者(包括地方政府)基本上都是参与者，在线路经营必须依托整个铁路大网络的运输生产背景下，基本上没有经营决策权、话语权。合资铁路也都是委托铁路局经营，定夺权也不是掌握在合资铁路公司手中。

2011 年铁道部颁布《关于新建合资铁路委托运输管理的指导意见》(铁政法〔2011〕149 号)，2003 年以来新建的合资铁路基本上都被要求委托所属铁路局运输管理，委托的内容包括运输组织管理(客运组织、货运组织、行车组织、调度指挥、列车开行方案、运输计划、车流径路管理等。委托方不设调度台，由受托方集中调度指挥)、运输设施管理、运输移动设备管理、运输安全管理、运输收入管理、铁路用地管理，委托方向受托方支付委托运输管理费。除了少数几家成立较早、规模较大、由企业控股的合资铁路公司(如朔黄铁路有限责任公司、集通铁路(集团)有限责任公司)以及地方铁路以外，几乎所有的合资铁路都没有自主经营权。像达成铁路公司、西延铁路公司这样成立时间较长、独立运营、保持盈利的公司也都被铁路局托管。“委托运营”或者“托管”的合资铁路公司基本上成为记载资产和债务的名义公司。委托运营”或者“托管”的合资铁路基本上亏损，很少盈利。例如，已开通运营两年多的京沪高铁，平安和社保基金要求退股，其中的一个原因就是平安资产管理有限责任公司和社保基金要求等股东对委托运营费过高不满，并委托了第三方进行审价。对于审价结果，平安等股东和受托运营的铁路局都不满意，形成较大分歧。

为了适应市场化和吸引社会投资者的要求，就必须打破目前只能委托所属铁路局经营的垄断模式，允许地方政府、社会投资者自己成立经营公司，自主经营所建的线路或通过市场竞争受托经营其他线路，形成多元化的市场经营主体。也只有拥有自主经营决策权的地方铁路局(公司)多了，才能促使市场体系架构逐步完善，对不符合市场化竞争的规则进行修改。

4.完善清算标准和清算体系建设

目前铁路系统的清算标准采用的是全路统一标准，而非根据具体线路的经营成本而制定，即它是铁路系统的内部清算价格，属于内部生产车间之间工作量的货币化计量。其价格水平高低对于大量相同业务交叉的铁路局来说影响不大，但对

于某一条线或路网规模不大的公司的收入和营利能力影响很大。因此,以不同类型线路的各项实际成本为基础,制定出更加符合客观实际的清算标准,建立科学的清算体系,是基础制度构建的重要内容和公平竞争的重要基础。

5.建立反映经营成本和市场供求关系的铁路运价定价机制

价格是构成企业收入和投资回报的极其重要的因素,也是调节供需的重要市场化手段。港口、机场、公路已基本建立了适应行业特征和市场竞争要求的收费管理体制和收费形成机制,但铁路价格国家管得过死,管理体制和价格形成机制不适应市场竞争要求,价格水平不能有效反映投资成本和经营成本。

铁路目前采取的是“网运一体化”投资经营模式,以客货运输服务收入回收投资与经营成本和获取收益。铁路客货运输价格由国务院价格主管部门(国家发展改革委)制定,执行全国统一运价(上市公司、合资公司线路执行特殊运价和“一线一价”政策)。2002 年之前,国家计委曾将合资铁路的运价交由地方物价局按铁路投资建设及运营“微利、保本、还贷”的原则审批,但不久又收回。2002 年国家计委组织的部分旅客列车票价实行政府指导价方案听证会,允许铁路运输企业可根据市场状况,在规定的最大浮动幅度内,以铁道部公布的《铁路旅客票价表》为基准价,自主决定票价浮动。但仅实行了两年,事实上都是执行铁道部的统一运价,企业实际上没有价格浮动权。而这与铁路系统的清算体制有关系。2013 年,中铁总公司也仅是在很小的范围内试点价格浮动,如对京广、京沪高铁部分动车组列车的商务、特等和一等座票价按不同时段实行特惠。

国家对铁路运价制定贯彻的是保本微利的指导思想,而且调整周期过长,导致铁路运价长期偏低,投资经营铁路营利能力低。例如,国铁客运基准价格十多年未调整,成本上涨基本由列车等级调整以及货运来补贴;货运采取的是成本驱动型价格机制,每次调价均由铁道部根据总成本上涨幅度测算提价幅度,再报国家发展改革委批准,不仅调整相对滞后,而且不能反映不同区域、不同线路的铁路成本差异。低运价造成的低营利或亏损,极大地影响了社会投资者参与铁路投资的意愿。

改革思路是:为了配合未来铁路改革总体方案设计,根据促进铁路建设发展和运输经营市场化的要求,以“网运分离”的思路,推进铁路基础设施所有权和经营使用权相分离,基础设施使用收费与运输经营的客货运输价格相分开的改革。即如同高速公路收费、机场对航空公司收费是向客货运输承运人收取载运工具（汽车、飞机）使用基础设施的费用，而公路客货运输票价、航空票价是运输承运人向旅客（或货主）收取的费用，二者面向的对象主体不一样。采取“网运分离”模式后，既可以根据铁路基础设施、铁路客货运输经营的不同属性和竞争性，分别制订相应的发展政策，推进铁路客货运输市场化，还可以使铁路运输成本更透明、定价基础更精确，也有利于投资、运营的公益性补偿机制的建立。

铁路基础设施使用费（租赁费、过轨费）收费标准由国家铁路主管部门和价格主管部门根据线路功能、技术等级、运输强度、所处地域以及相关政策等因素，分若干大类制定，由铁路产权所有者（业主）向铁路运行企业收取。

铁路客货运输价格（基准价）由国家铁路主管部门和价格主管部门根据铁路基础设施使用费、客货运输经营成本、合理利润水平等因素综合制定，实行政府指导价，运输企业具有一定的浮动权。

（五）加大社会资本进入的各种投资渠道（或平台）建设

吸引社会资本投资建设铁路基础设施，必须要有相应的平台和投资渠道，并制定每一种平台或投资渠道的具体投资产品或方式，以及透明、公正的保护性政策。

1.投资项目信息公开和服务平台建设

政府对于规划拟建设实施的项目，要在政府网站和相应的媒介公开披露，提供项目规划建设的内容、拟采取的投资方式、投资者资格条件要求、投资者申报或投标的流程等内容和咨询服务，使投资者能够及时充分地了解项目情况。

2.直接投资的不同模式建设

直接投资是指投资者将货币资金直接投入铁路项目，形成实物资产，或购买现有铁路企业股权进行的投资。通过直接投资，投资者拥有全部或一定数量的企业资产及经营的所有权，直接进行或参与所投资铁路项目企业的经营管理。直接投资是资金所有者和资金使用者的合一，是资产所有权和资产经营权的统一运动。

根据国家相关法律和各种运输方式基础设施不同的经营特征，社会资本直接投资建设交通基础设施的主要方式有：企业独资或联合投资（BOO、BOT 等方式）、政府与企业或私人资本共同投资（PPP 等方式）、企业或民间资本参与政府投资为主的项目、企业或民间资本投资由政府提供投资补助或一定比例资本金以及贷款贴息的项目(对预期营利能力低的项目)、BT模式等。政府主管部门对于这些社会资本投资方式要深入研究,制定出透明的可操作的具体规则和管理办法,包括申报程序、决策程序、招投标方式、实施保障等,建立适应和鼓励社会投资者进入的多样化投资体系。同时要根据交通基础设施的建设特点,明确政府负责项目工程可行性研究报批工作和项目征地拆迁工作。政府为主投资建设的项目,以组建项目合资公司的方式,吸引沿线地方政府、战略投资者、企业投资者、民间资本直接投资。

3.权益性投资产品设计和投资渠道建设

权益性投资是指为获取所投铁路项目或企业的权益或净资产所进行的股权投资。投资者持有某企业的权益性证券(普通股和优先股就是常见的权益性证券),代表在该企业中享有所有者权益。权益性投资形成投资方与被投资方的所有权与经营权的分离,投资方拥有与股权相对应的表决权和领取股利的权利。权益性投资一般没有固定的收回期限和固定的投资收益,投资方只能依法转让出资而不能直接从被投资企业撤资。投资者进行权益性投资,主要考虑所投资项目或企业的获利能力,是否能够获得较高的回报,是否为了影响或控制所投资的企业。

吸引社会投资者以权益性方式投资交通基础设施的方式很多,包括发行股票、股权转让、设立产业投资基金等。

股权转让是以公司股份制改造和股权转让的方式,吸引社会资本进入,激活存量、盘活既有资产。对已有企业和资产进行改造,组建股份制公司,向PE投资者、战略投资者以及合格企业转让部分股权,将存量变现,用变现的资金再投资于交通基础设施新项目以及公益性项目的建设,实现滚动发展。

发行股票是以发行股票上市为渠道,通过新股发行、存量发行(今后IPO的改革内容之一)、增发、配股等方式,吸引社会资金购买股票投资交通基础设施建设与经营。

交通产业投资基金一般是由直接从事实业投资的机构和非银行金融机构共同发起,通过发行基金受益份额,向投资者募集资金,直接投资于交通产业的一种投资制度。这是一种利益共享、风险共担的集合投资制度,集合的资金即可来自广大分散的个人投资者,也可来自养老基金、社保基金、保险以及证券公司、信托公司等机构投资者。它既拓宽了法人以及居民的投资渠道,也拓宽了交通建设资金来源。目前因全国性的产业投资基金的管理法规尚未出台,产业投资基金的设立主要是采取试点个案审批的做法,需经国家发展改革委审核,报国务院批准后,方可组建。铁路方面,经过国务院批准,2014 年由中铁总公司为主发起人设立了铁路发展基金。

4.经营权转让方式的投资渠道建设

经营权转让方式是地方政府以符合国家相关法律、规范的交通项目资产经营权转让,吸引企业、上市公司以及其他合格经营人出资受让经营权对已建成的交通基础设施进行投资经营的一种方式。通过这种方式,地方政府可以将提前收回的投资资金再用于其他项目的建设发展,而社会投资者获得已建成项目的经营权。其中的重点工作是要加强经营权转让的相关法规和具体操作办法建设,既要便于操作,又要公平、公正和防止国有资产流失。

5.债权性投资产品设计和投资渠道建设

债权性投资是指为取得债权所做的投资,如购买铁路建设债券、地方政府债券、企业(或公司)债券等,其中债权投资计划已成为保险等机构投资者投资基础设施的一种重要方式。债权性投资一般是为了取得高于银行存款利率的利息,并保证按期收回本息。它以契约的形式明确规定权利与义务,无论被投资企业有无利润,投资者均享有定期收回本金,获取利息的权利。债权性投资对应的是政府和企业的筹融资,是政府和企业的债务性融资。

债券平台建设主要是加强债券产品设计,增加产品种类以吸引不同的投资人。目前的债券种类包括专项交通基础设施建设债券(如中国铁路建设债券)、由省级政府或财政部代发行的政府债券、项目公司/企业债券。今后应积极利用债券市场,扩大政府债券、企业债券的发行规模。

债权投资计划是指保险资产管理公司等专业管理机构(以下简称专业管理机构)作为受托人,根据中国保监会 2006 年发布的《保险资金间接投资基础设施项目试点管理办法》和 2012 年发布的《基础设施债权投资计划管理暂行规定》,面向委托人发行受益凭证,募集资金以债权方式投资基础设施项目,按照约定支付预期收益并兑付本金的金融产品。目前债权投资计划市场非常活跃,高速公路、铁路、城市轨道已有很多项目采用债权投资计划进行融资，吸收法人和机构资金的投资。

6.资产证券化投资产品设计和投资渠道建设

资产证券化是以特定资产组合或特定现金流为支持，发行可交易证券的一种融资形式。传统的证券发行是以企业为基础，而资产证券化则是以特定的资产池为基础。在资产证券化过程中发行的以资产池为基础的证券称为证券化产品。资产证券化可以将缺乏流动性的资产，转换为在金融市场上可以自由买卖的证券的行为。交通企业可以将既有的或新投资项目的相关资产和收益通过资产证券化设计成为相应的证券化产品，提供给信托资金、理财资金以及个人投资者购买。企业则可将筹集的资金用于交通项目的建设。目前的问题主要是标准化产品如何设计以及交通基础设施项目资产的收益率普遍较低。

（六）建立事权、财权相匹配的政府筹资渠道，盘活存量，创新拓展新融资方式

交通基础设施建设事权，除了国家铁路干线由国家铁路部门为主导、地方政府参与以外，公路、机场、内河航道以及港口公共基础设施都是由地方政府为主负责投资建设，国家主管部门对国家高速公路、普通国道、机场以及列入国家规划的内河航道等项目提供专项资金投资补助。此外，根据当前的铁路改革，地方政府要参与本省区域范围内的国家干线铁路建设。城际铁路、市域（郊）铁路、资源开发性铁路、支线铁路的投资建设权下放到地方，由地方政府负责投资建设。在财权方面，地方政府没有相应的专项资金来源，财政预算内资金投资交通基础设施建设的数额很小，大多数每年仅几亿元到二三十亿元，远远不能满足投资的需求。

国家统一征收的各种交通专项资金是由国家相关的交通主管部门负责安排资金使用和投向。铁路建设基金由国家铁路部门负责安排使用，用于国家计划内大中型铁路建设项目以及与建设有关的支出；民航发展基金由中国民用航空局负责安排使用，投资补助机场建设；车辆购置税由交通运输部负责使用管理，按项目计划实施补助，实行财政专项转移支付；燃油税为中央对地方财政的转移支付，主要用于公路的养护、维修（其中，国家每年从成品油价格和税费改革后新增的成品油消费

税收入中拿出260亿元的资金用于专项补助各省取消二级公路收费),目前与公路养护、公路改造的实际资金需求相比存在着较大缺口。

地方政府担负的交通事权很重,但除了国家根据项目补助的部分资金以外,没有相应稳定的资金来源保障,只能通过各种方式进行筹资,其中最主要的方式就是土地出让或联合开发,以及将通过各种形式融资到的债务性资金转化为资本金,其余部分再向银行贷款。特别是普通公路建设,既没有相应稳定的资金来源,也无法向银行贷款融资,建设的资金压力巨大。

解决以上问题,首先要明确划分清楚中央政府和地方政府在交通基础设施投资建设方面承担的责任边界,并根据财权与事权相对应的原则建立相应的政府性建设资金来源渠道,明确政府性资金的使用范围和重点。其次是划清政府与市场的边界,可以发挥市场作用吸引社会投资的项目积极推向市场,可以采取经营或收费方式的交通基础设施项目要尽可能地以社会资本投资、政府对社会资本投资补助、政府与社会资本合资等多种市场化的方式推进。同时,建立地方政府稳定的交通建设资金来源渠道,以保障公益性交通基础设施的建设和对吸引社会资本投资的部分低投资回报项目实施补助。资金来源重点是增加地方财政投入和盘活既有存量资产,以及依托收费高速公路的"统贷统还"统筹筹集部分普通公路的建设资金。

具体措施如下:

提高中央预算内资金的交通建设资金比例和规模,加大对中西部省(自治区、直辖市)的地方转移支付。

建立以地方财政收入为主要支持的各省交通基础设施建设基金,包括:每年从一般财政收入中拿出一定比例用作交通基础设施建设基金;从交通站点和沿线一定范围内的土地出让金提取一定的比例(交通对沿线土地的增值贡献),用作交通基础设施建设基金;研究征收轮胎税、重车税等新税种,作为地方税,专项用于交通基础设施的建设发展。同时,还可以基金收入作担保向银行贷款用于普通公路等交通基础设施建设,扩大资金来源。

在每年发行(或财政部代发行)的省级政府债券中规定较大比例用于交通等基础设施建设;或者争取批准直接发行省级政府交通专项债券,用于公益性交通基础设施项目建设。

对既有存量交通资产,通过股权转让、资产变现、经营权转让、资产证券化等方式盘活,筹集资金滚动用于交通基础设施的建设发展。

利用"政府还贷"高速公路的"统贷统还"政策和超收的通行费支持普通公路建设,将相关的普通公路项目与高速公路项目作为统一项目进行整体建设,统一筹集资本金,统一向银行贷款。"统贷统还"对于收费公路来说,由于交叉补贴和还贷,基本上不会"还清贷款、停止收费",一般都会收费到规定的最长期限。地方政府在将这些线路超收部分统筹用于"统贷统还"的同时,应拿出一定的比例用于支持普通公路、农村公路的建设。

(七)积极建立优先股投资制度,吸引社保等基金投资和化解铁路高额债务

交通基础设施建设缺少投资资金,而大型机构又在寻找有稳定收入、低风险的投资渠道,如果能在政策改革的支持下,运用创新方式实现两者的对接,将会为交通基础设施的建设和发展带来广阔空间。对此,全国社保基金理事会、国资委等部门已开展了以优先股的方式投资基础设施的研究。《金融业发展和改革"十二五"规划》明确提出了"探索建立优先股制度"。2014 年 3 月,中国证券监督管理委员会公布了《优先股试点管理办法》。

优先股既具有最基本的股权属性,又具有明显的债权特征。其特点是优先股持有人优先于普通股股东分配公司利润和剩余财产,但一般没有表决权,不参与公司决策管理。它通常具有固定的股利,在普通股股利之前被派发。在破产清算时,优先股对公司资产的主张先于普通股,但排在债务(包括附属债务)之后。

优先股在境外市场是成熟的证券品种。在优先股制度最为发达的美国,优先股起源于 19 世纪 30 年代铁路公司向政府的融资,是为满足美国铁路建设热潮巨大资金需求而做出的临时性融资安排。一战以后优先股的发展进入黄金期,但随之而来的大萧条使陷入财务危机的铁路公司侵害优先股股东盈余分配权的事件频发,使优先股市场陷入萧条。20 世纪中后期开始,优先股制度开始进入规范有序发展期,并于 20 世纪 90 年代进入快速发展期。

优先股的投资收益较有保障,风险较小,为保险资金、社保资金、企业年金等提供了新型投资工具,同时也拓展了企业、居民的投资渠道。

优先股可以为资产负债率较高、希望优化现有股权结构和债务结构的公司（企业）提供新的资本工具，为公司（企业）引入战略投资者创造条件，可以缓解企业融资难、债务高的问题。

交通行业可以通过发行优先股的方式吸引寻求低风险投资的保险资金、社保资金、企业年金以及其他机构、企业、民间资本投资交通基础设施。还可以研究探索利用优先股，以间接“债转股”方式（用优先股筹集的资金偿还银行贷款）化解铁路高债务问题。

对于交通基础设施投资建设或资产经营公司来说，发行优先股方需要做好以下工作：①推进企业兼并和资产重组，组建交通投资与资产运营大型股份制（集团）公司；②明确公司经营方针和投资重点，以及政府给予哪些优惠政策等；③完善公司治理结构，建立符合优先股投资要求的透明制度；④向主管部门申请一定数量的优先股以及明确发行方式（按规定，上市公司可以公开或非公开发行优先股，非上市公众公司可以非公开发行优先股）。

利用发行优先股优化铁路债务结构的操作思路是：①按照股份制公司要求对铁路局（铁路集团公司）进行铁路资产重组和债务重构，建立符合优先股发行条件要求的大型股份制（集团）公司；②选定拥有较好项目资产和经营效益较好的铁路局（铁路集团公司）先进行试点，以向保险资金、社保资金、企业年金等大型机构定向增发优先股采取固定股息率，并约定公司在今后某一时期逐步回购优先股的条件及回购价格，扩大公司股本和增加权益性资金，取得成功后逐步推广到全路；③公司将发行优先股筹集到的资金用于偿还以往项目的银行贷款，降低银行借款总额，改善和优化公司债务结构；④持有优先股的社保基金等股东获得公司每年支付的稳定的股息收益，实现了资产保值增值；⑤在铁路建设资金需求高峰期过后，根据合同约定的期限，公司以约定的条件和价格回购社保基金等持有的优先股，并予注销，社保基金等投资者收回原来用于购买优先股的资金。

优先股模式对于中铁总公司来说，相当于把支付给银行的贷款利息支付给了社保基金等优先股投资者，总支出基本不增加，但债务总额减少了，负债率降低了，财务资产质量提高了。最重要的是将还本时间延后了，错开了集中还本付息期，大大减轻了财务压力。对于社保基金等优先股投资者来说，选择了较好的、风险小的投资品，获得了稳定的投资收益。对于银行来说，降低了对单一借款主体的贷款比例，同时因铁路财务资产质量提高了，贷款偿还违约风险也降低了。

需要政策支持和协调的问题：公司支付给银行的利息是作为财务费用在税前列支，而股票分红是由税后利润进行分配，如果铁路支付给社保基金等投资者的优先股的固定股息也按股票分红对待，则项目公司要增加相应的税金支出，增重财务负担。如果国家能给予特殊政策支持，允许铁路支付给社保基金等投资者的优先股的固定股息在税前列支，则优先股在化解铁路债务问题中将会被更多地推广。

第三节　交通基础设施投融资体制总体架构和改革重点

(一)铁路投融资体制改革重点和总体架构

1.改革重点

铁路投融资体制改革的重点是：①改革原铁道部全面主导的模式，合理划分中央与地方事权。下放城际铁路、市域(郊)铁路、资源开发性铁路、支线铁路等建设投资权。②构建基础设施投资建设与运输服务经营相分离的市场体系架构，改革单一委托运营模式，成立地方铁路局，构建多元化的市场经营和竞争主体，为社会投资者投资铁路基础设施和自主经营创造基本市场条件。③设立铁路发展基金，以及设计多种方式、多渠道吸引社会资本投资铁路的金融产品。④改革价格机制，建立公益性、政策性运输补贴机制，以及建立科学完善的铁路行业各项业务的清算标准和清算体系。扩大企业自主定价权，运输价格逐步由政府定价向政府指导价转变。根据成本和调动各方积极性的公平原则，制订行业各项业务合理的清算规则和价格标准，取代目前中铁总公司各铁路局之间的内部清算办法和清算价格，营造公平的市场环境。⑤建立与地方政府铁路建设事权相对应的建设、运营补贴的资金来源渠道。

2.总体架构

(1)铁路建设责任主体划分

按照不同铁路的全国性、地方性的路网功能作用和主要受益范围合理划分中央事权和地方事权(图 5-1)。

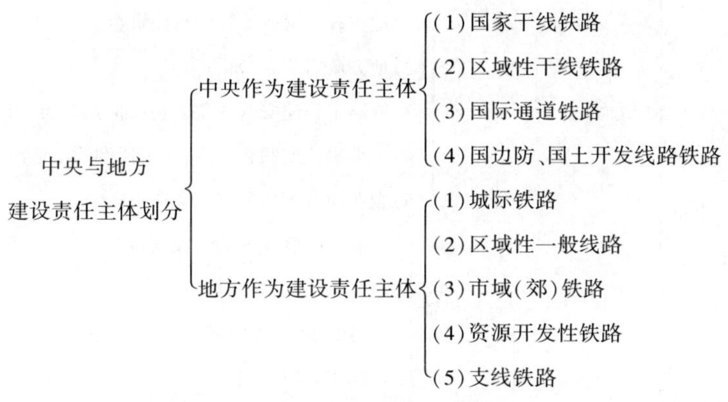

图 5-1　中央与地方作为建设责任主体划分示意图

(2)政府与市场的投资范围划分

充分发挥市场在配置资源中的决定性作用,扩大市场为主导的铁路投资范围(图 5-2)。

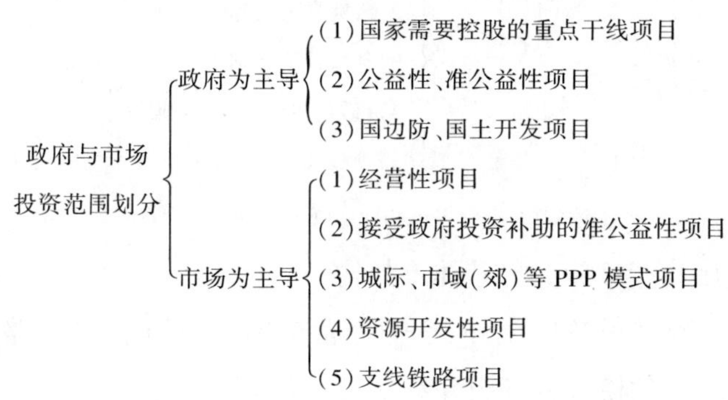

图 5-2　政府与市场的投资范围划分示意图

(3)(资本金)筹融资渠道和社会资本投资方式(或渠道、平台)

建立中央政府、地方政府投资建设铁路的资本金来源的多渠道架构,以及充实完善社会资金以直接投资、权益性投资、债权性投资等方式的投资渠道与平台(图 5-3)。

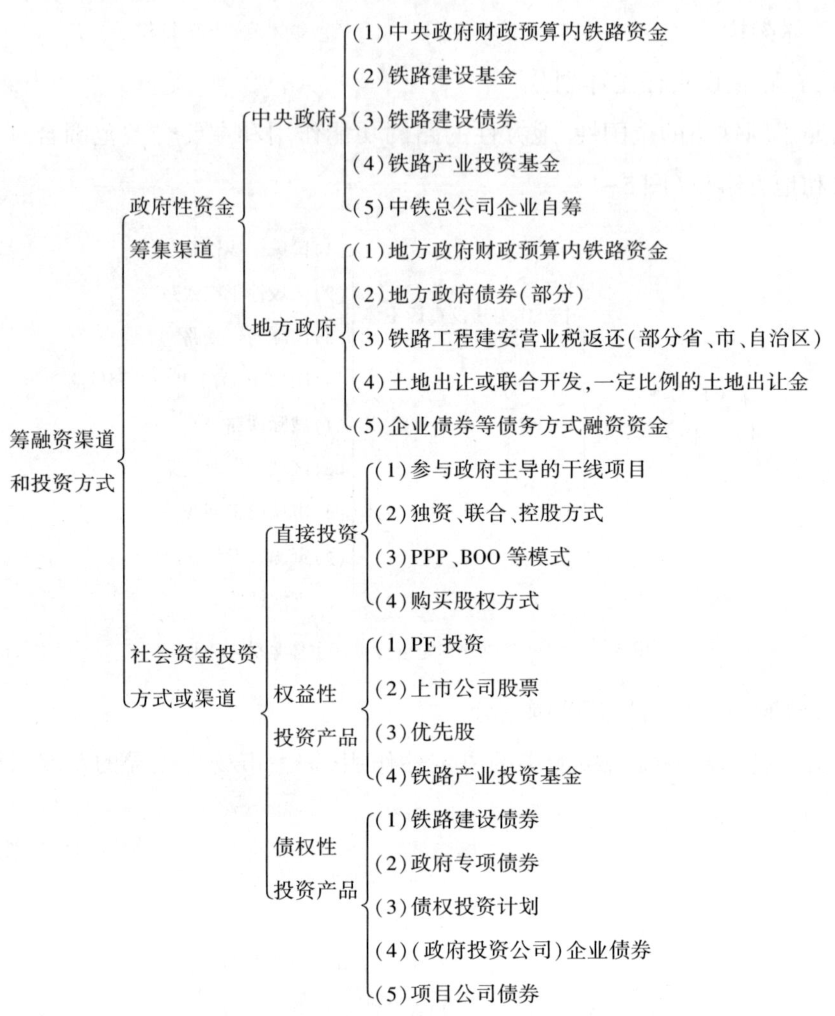

图 5-3　筹融资渠道和社会资金投资方式示意图

(4)基础设施与运输服务经营体系架构

按照体现“线路建设政府主导、运输经营市场化”原则和“线路资产经营与运输经营服务相分离”的模式分别组建线路资产经营管理公司和铁路运输经营公司(图 5-4)。

(5)铁路价格体系架构和定价机制

按照“网运分离”的改革思路,推进铁路基础设施使用收费与运输经营的客货运输价格相分开的改革(图 5-5)。

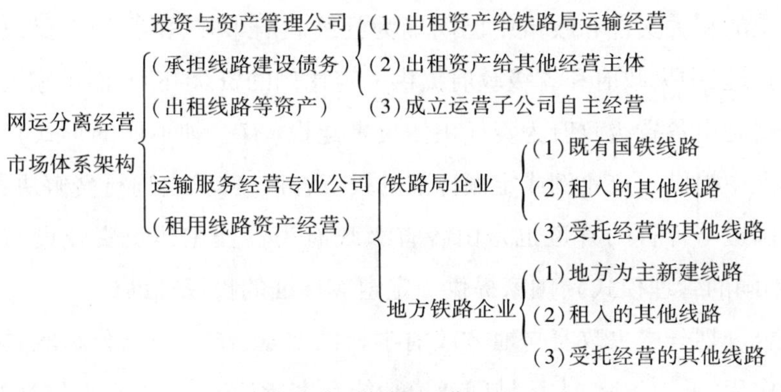

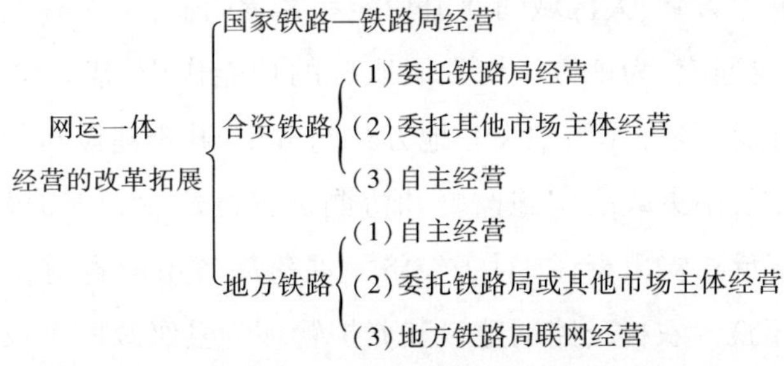

图 5-4　铁路基础设施与运输服务经营体系构架示意图

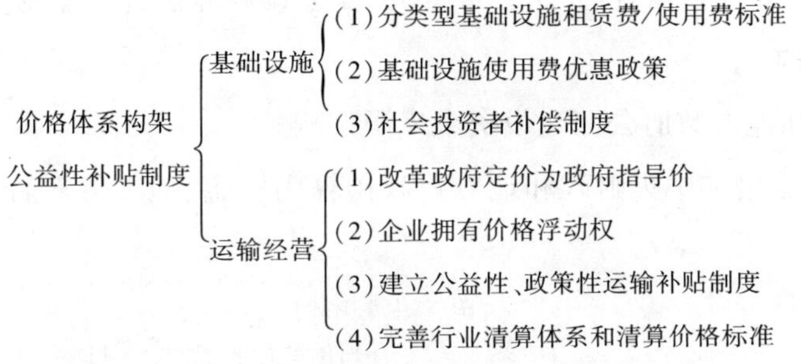

图 5-5　铁路价格体系架构示意图

(二)公路投融资体制改革重点和总体架构

1.改革重点

公路投融资体制改革的重点是进一步明确中央政府与地方政府事权,调整公路投资结构,加大对普通公路的投资力度。

我国公路按行政等级分为国家公路、省道、农村公路(县道、乡道、村道),但并未完全建立“国道国管、省道省管、农村公路县管”的建设和管理体制。其中,农村公路在国家的相关文件和政策中已明确为县级政府事权，由县级人民政府负责建设和养护管理，中央政府和省级政府提供一定比例的资金补助；而国家公路中的国家高速公路是由各省级政府为责任主体负责建设（有多种不同的形式），国家从公路专项资金中提供一定比例或定额标准的投资补助，养护由通行费解决；国家公路中的普通国道与各省的省道也是由各省级政府为责任主体负责建设与养护管理（有三种不同的管理模式），国家提供一定定额标准的投资补助。

根据合理划分中央政府与地方政府事权的要求，结合国家公路既具有全国性路网干线作用，承担省际、大区域间通道功能和客货运输，又具有地域性布局特点，以及作为地方主要通道、为地方经济发展服务的功能作用，建议将国家公路（包括国家高速公路、普通国道）作为中央和地方共同事权，共担建设与养护支出责任，并委托省级政府管理，中央政府实施监督和协调。省道建设和养护管理为省级政府事权，由省级政府承担支出责任（对于经济发展落后省份的省道建设，中央政府提供一定的资金补助）。农村公路的建设和养护管理为县级政府事权，承担相应的支出责任，中央政府和省级政府提供一定比例的资金补助。即构建“国家公路中央和省共同事权，省道省管，农村公路县管”的公路建设和养护管理体制。

2.总体架构

（1）中央和地方政府公路建设资金来源架构

总的思想是增加中央财政和地方财政预算内资金、债券等对普通公路的投入（图5-6）。

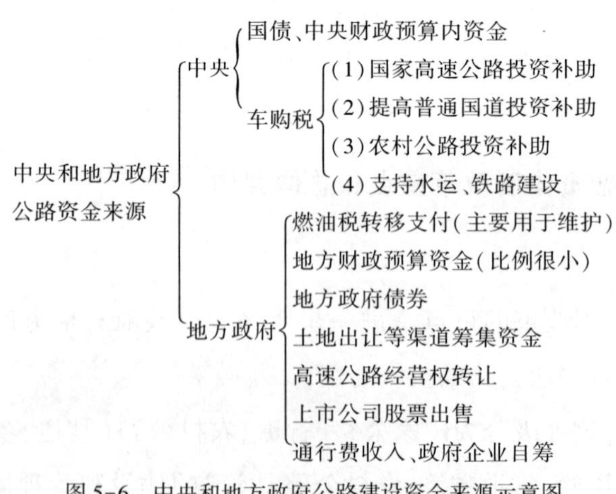

图5-6　中央和地方政府公路建设资金来源示意图

(2)各类公路主要投资建设模式

政府提高对普通公路的投资比例，降低对高速公路的投资比例，地方高速公路以社会资本经营性投资为主(图5-7)。

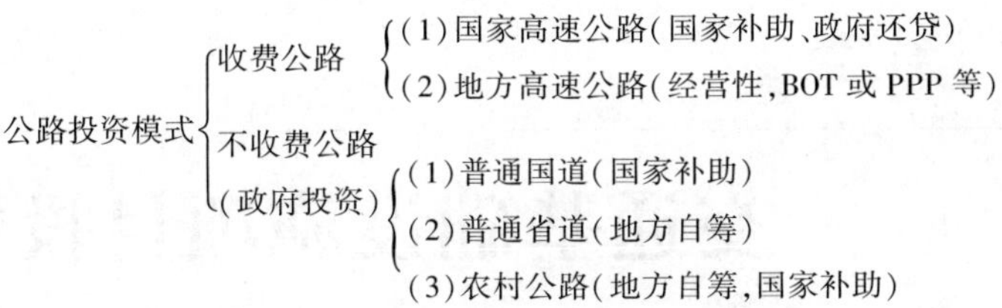

公路投资模式
- 收费公路
  - (1)国家高速公路(国家补助、政府还贷)
  - (2)地方高速公路(经营性，BOT或PPP等)
- 不收费公路(政府投资)
  - (1)普通国道(国家补助)
  - (2)普通省道(地方自筹)
  - (3)农村公路(地方自筹，国家补助)

图5-7 各类公路主要建设投资模式示意图

(三)水运港口投融资体制改革重点

改革重点是构建投资责任主体清晰的水运港口投融资体制。长江干线航道、国境通航河流航道、沿海主要港口公共航道以及锚地、防波堤等公共设施的建设和维护应作为中央政府和地方政府的共同事权；港口码头等经营性设施以及港区内航道等由企业投资建设和维护。同时，加大以下方面改革的工作力度：①完善港口布局规划，加强岸线开发利用管理；②港口建设由规模扩张向结构优化、协作互补、提高效益方向发展；③加大政府对内河航道和港口建设的投资与补助，充分发挥内河水运优势；④进一步加大市场化运作，继续鼓励国内外社会资本投资建设和经营港口码头；⑤研究推行BOT和"地主港"建港模式，促进码头经营者之间的市场竞争以及维护国家长远利益。

(四)机场投融资体制改革重点

改革的重点是：①完善全国机场布局规划，按适度超前原则审批建设项目；②进一步理顺机场管理体制，推进机场政企分开、政资分开；③进一步加大中央财政、民航发展基金对中西部支线机场建设的支持力度；④加强支线机场航线培育和干支衔接网络模式的开展，发挥支线机场对改善交通、促进地区经济发展的作用，以及减少运营亏损；⑤进一步加大机场建设投资与运营的市场化改革，鼓励多元化投资和收购重组以及实施集团化运营管理；⑥推进低空开放改革，积极发展通用航空机场和增加支线机场通用航空服务功能。

(执笔人：罗仁坚　罗诗屹)

第六章

交通基础设施项目投资分类及相关投资政策

内容提要

根据交通基础设施项目的功能定位和服务性质、可进行经营的条件和营利预期,可将交通基础设施项目分为公益性、准公益性、经营性三类。政府是公益性项目的投资主体,但要改革政府全面主导的投资建设模式,通过项目补偿费用质押贷款、发展基金、项目补偿费等方式吸引民间投资。准公益类项目虽自身具备一定的经营性,但对于其中低营利和亏损性的项目还是要采用政府直接、间接或者资源性补贴的方式吸引民间投资。对于经营性项目,政府应让出社会资本的投资空间,在市场投资响应不足时,通过设立交通产业发展基金或资产证券化等方式鼓励社会资本投入。

第一节　分类的理论依据和划分标准

对交通基础设施项目进行科学、合理的分类是研究不同类型项目投资政策的重要前提和基础。本章重点介绍与基础设施分类相关的几种经典理论,主要有公共物品生产理论、基础设施项目分类理论、基础设施可销售性评估理论等。借鉴各种理论,结合我国交通基础设施自身的特点,提出可行的新时期交通基础设施项目的分类方法。

(一)基础设施分类的相关理论

1.公共物品生产理论

公共物品是一种供人们共同消费的产品,正如保罗.A.萨缪尔森(Panl.A.Samuelson)所定义的那样:纯粹的公共物品是指这样的物品,即每个人对这种物品的消费不会导致别人对这种物品的消费的减少。

(1)公共物品的两个重要特性

公共物品的第一个重要特性是消费的非竞争性。

所谓的非竞争性,是指消费者的增加不会引起成本的增加,即该物品提供给额外一个消费者的社会边际成本为零。在公共物品的消费上,人人都可以获得相同的利益,额外一个人的消费不会降低它带给其他人的消费。非竞争性是由产品的不可分性决定的。

由于非竞争性物品的边际成本为零,难以通过定价的方式迅速收回投资,所以按照市场经济法则,这种公共物品很难由追求利润最大化的企业生产和提供,必须由政府以财政拨款或直接投资的形式提供。

公共物品的第二个重要特性是消费的非排他性。

所谓的非排他性就是不能把他人排除在这种物品的消费之外。通常有两种情况:第一种情况是合法的排他技术不存在;第二种情况是尽管排他技术存在,但使用这种技术必须付出的代价高于实施非排他技术得到的好处(造成不经济——经济学术语)。

公共物品的两个特征表明,它是一种供人们共同消费的物品,排斥他人消费是不合理且无效的,也是不可行的,即使在技术上可行,但代价太高,在经济上亦不可行。但对于某些公共物品来说,在经济上也可行。例如一座不拥挤的桥,就可采用收费的方式以阻止那些不付费的人过桥。同这种排他性相比较,公共物品的非竞争性是更为本质的特征,因为具有非竞争性的特性,即使排他可行,也可能是经济上无效且不合理的。

(2)纯公共物品、准公共物品与私人物品

以消费中的竞争性和技术上的排他性为标准,人类社会中的所有经济物品可以划分为三类，即纯公共物品、准公共物品和私人物品。

纯公共物品既是非排他性的又是非竞争性的，它是为整体意义上的社会成员而生产的，一旦被生产出来，任何人都可以利用它满足自己的需要，而不影响他人的利益。纯公共物品可以用下面的公式表示：

$$A_g = A_i (i = 1, 2, 3 \cdots n)$$

式中：A_g——公共物品的全部供应量；

A_i——第 i 个人的消费量。

每个人消费一种公共物品的量都为 A_i，它表明了公共物品是不能在消费者个人之间分割的。根据公共财政原理，从纯公共物品的非竞争性和非排他性特征考虑，纯公共物品由政府提供，资金由财政筹措。

私人物品既是排他性的又是竞争性的，它只能满足其拥有者的消费需要，其他任何人未经同意不能随意分享，即不具有外溢性。私人物品可以用下面的公式表示：

$$A_g = \sum A_i (i = 1, 2, 3 \cdots n)$$

式中：A_g——私人物品的全部供应量；

A_i——第 i 个人的消费量。

很显然，私人物品是能够在消费者之间分割的。由于私人物品的价格是由边际成本决定的，并且产权关系决定了产品的所有权，因此，此类产品根据市场经济法则，通过市场引导，由追求利润最大化的企业自主生产，便可达到资源的充分利用和有效配置。

现实经济产品的具体属性很复杂，有许多物品介于纯公共物品和私人物品之间，可称为准公共物品。这种物品一方面由使用者单独享受利益，可在使用者之间划分所得到的利益；另一方面，在供应上能够实行排他原则，把不付款者排除在外。通常，我们可以把准公共物品又进一步划分为价格排他的公共物品和拥挤的公共物品。

根据萨缪尔森等的观点，在某个拥挤点之前，只满足非排他性和非竞争性之一的产品就是准公共品（Quasi-public goods）。准公共品一般具有“拥挤性”的特点，即当消费者的数目增加到某一个值后，就会出现边际成本为正的情况，而不像纯公共品，增加一个人的消费，边际成本为零。准公共品到达“拥挤点”后，每增加一个

人,将减少原有消费者的效用。准公共品又可以分为两类:

一类准公共品是准公共品 I:俱乐部类公共品(Club goods)。

准公共品 I 是指在消费上具有可排他性和非竞争性的公共品,如戏院、公共俱乐部、收费公路、图书馆、夜总会等。这些产品在消费上具有共享性,在出现拥挤效应之前,每增加一个消费者其边际分配成本为零。

准公共品 I 还可进一步分为两类:一类是自然垄断型的公共品,如交通运输、能源工业、通信业、自来水等。其特点是有很强的规模经济性。另一类是优效品(Merit goods),它是指无论人们的收入水平如何、付费如何都可以、也应当进行消费的公共品,如义务教育、预防保健、戒毒等。优效品是基于这样的假设,即人们并非在各种情况下都能根据自己的最佳利益行动,就是在信息完备的情况下,人们也会由于疏忽或缺乏远见等原因而不能做出明智的选择。

另一类准公共品是准公共品 II:公有池塘类公共品(Common-Pool resources)。

准公共品 II 是指在消费上具有竞争性和非排他性的公共品,比如公共池塘中的水、公用的草地资源、地下的石油、矿藏、海洋等共同资源类物品。它们在消费上具有非排他性,因为既然是公共的,那么每一位公民都具有合法获取的权利,但获取的资源如何消费是具有竞争性的。

综上所述,社会产品以竞争性和排他性为标准,可以划分为三类:纯公共物品、私人物品和准公共物品(价格排他的公共物品和拥挤的公共物品)。纯公共物品表现为明显的非排他性和非竞争性特点;准公共物品具有非排他性和非竞争性特点,但并不完全,在一定的供给水平上会因为拥挤降低产品的非竞争性;私人物品是个别主体使用和消费的产品和服务,具有效用可以分割、消费的竞争性和排他性,基本特征是单独消费,没有外部特征。各类物品的具体属性、代表性项目及投资主体如表 6-1 所示。

按交通基础设施的竞争性和排他性为标准的分类表 表 6-1

序号	分类	项 目 属 性	公共项目实例	投资主体
1	纯公共物品	明显的非排他性和非竞争性	城市道路、农村道路	政府
2	准公共物品	不完全的非排他性和非竞争性	铁路、机场、收费公路	政府、社会资本
3	私人物品	消费的排他性和竞争性	私人机场、码头	社会资本

资料来源:作者整理。

2.基础设施项目分类理论

项目区分理论,就是将项目区分为经营性、准经营性与非经营性,并根据项目的属性决定投资主体、运作模式、资金渠道及权益归属等。交通基础设施项目可以根据项目区分理论,以经济学的产品或服务的分类理论为基础,采取不同的投资模式。

交通基础设施的非经营性项目,主要指无收费机制、无资金流入的项目。这是市场失效而政府有效的部分,其目的是为了获取社会效益和环境效益。这类投资只能由代表公共利益的政府财政来承担,如城市道路、农村公路等。

交通基础设施的经营性项目,是指有收费机制、有资金流入的项目。但这类项目又以其有无收益或利润分为两类,即纯经营性项目和准经营性项目。纯经营性项目(营利性项目),可通过市场进行有效配置,其动机与目的是利润的最大化,其投资形成价值增值过程,可通过全社会资金加以实现,如高速公路、收费桥梁等。

准经营性项目即为有收费机制和资金流入,具有潜在的利润,但因政策或收费价格没有到位等,无法收回成本的项目,附带部分公益性。这是市场失效或低效的部分,经济效益前景不明确,仅仅依靠市场机制难以获取足够的资金,要通过政府直接或间接补贴的方式维持项目营运。但此类项目可通过价格等条件的逐步完善而转变成纯经营性项目,如地铁、轻轨、收费不到位的公路等。

非经营性项目投资主体由政府承担,按政府投资运作模式进行,资金来源以政府财政投入为主,并配以固定的税种或费种保障,其权益也归政府所有。

经营性项目属全社会投资范畴,其投资主体可以是民营企业、外资企业等,其融资、建设、管理及运营均由投资方自行决策,应有的权益也归投资方所有。

因此,依据上述理论,交通基础设施分类如表6-2。

按交通基础设施的项目区分性质分类表 表6-2

序号	分　类	项 目 属 性	公共项目实例	投资主体
1	可收费性	经营性基础设施	收费高速公路、桥梁等	社会资本
2	基础设施	准经营性基础设施	铁路、地铁、收费不到位的公路	政府、社会资本
3	非经营性基础设施		城市道路、农村道路	政府投资

资料来源:作者整理。

经营性、准经营性及非经营性项目的划分主要是为方便研究相应的融资工具。实际上,它们之间的划分并不是绝对的。随着技术的进步,或者在既定的社会法律环境下通过相应政策的调整,可使非经营性和准经营性项目向经营性项目转化。例如,政府通过制定特定政策或提高产品或服务的价格等可以使项目的可经营性提升,将准经营性项目变成纯经营性项目。而非经营性项目也可变成准经营性项目,甚至变成纯经营性项目。其相互转换关系如图 6-1 所示。

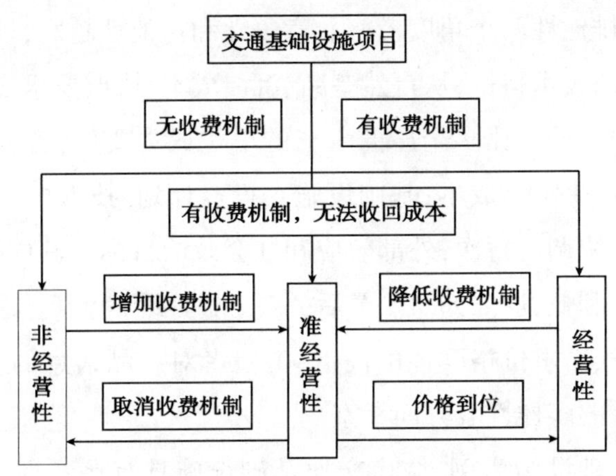

图 6-1　基础设施项目分类及相互关系示意图

三者之间相互转化的条件有以下四种情况。

第一,收费机制的建立。如高速公路所采用的收费还贷机制。高速公路项目建设期间的银行贷款及后期的预期盈利,主要依赖通行费用的收取。收费机制可使非经营项目变成了具有一定经营性的项目。

第二,价格政策的确定。如地铁及公共交通,一旦价格调整到位,加上政府合理的政府补贴,就有可能高于成本运行,提高经营性。

第三,技术和社会的进步。如污水经过深度处理以后,可以替代自来水用于工业用循环水、绿化灌溉水、冲洗路面等,成为可利用的资源,产生一定经济效益,增加了可经营性程度,进而通过销售产生现金流入,甚至盈利。

第四,经营制度的改变。如特许经营方式的确定,使私人投资建设的公共设施实现可经营性。

3.基础设施可销售性评估理论

基础设施的可销售性评估方法是凯斯德教授在《基础设施提供的制度选择》一文

中提出的。所谓可销售性是指产品或服务能够进入市场进行买卖的潜力和可能性。基础设施的可销售性是指基础设施能够由私人部门通过市场机制提供的可能性。根据基础设施可销售性的大小决定提供基础设施服务的体制。基础设施可销售性强的就可以由私人部门通过市场机制进行市场化运营,基础设施可销售性弱的主要是由政府提供。

基础设施的可销售性评估是从以下四个方面进行考察的。首先,产品的内在性质,从竞争性和排他性两个角度考察。竞争性和排他性越高,项目的可销售性就越高。其次,生产的技术特征,从自然垄断、沉淀成本、协调要求三个角度考察。其中自然垄断表明单个厂商比多个厂商生产的单位成本要低;若资本不能从其他用途得到补偿,则会产生沉淀成本;基础设施在投资计划、技术操作和设备运行标准的制定方面要统一协调。再次,外部效应和社会政治目标。其中外部效应为正,则社会效益大于个人利益,反之亦然。最后,需求的性质和特点。这主要从是否存在替代的产品和服务、需求价格弹性的高低、消费者对产品信息的了解、需求的即时格局和消费者需求的多样性五方面考察。

以城市交通基础设施为例,城市交通基础设施具有垄断性,但是在不同部门间、部门内部和各种技术类型之间的城市交通基础设施的经济特征大不相同。一般来说,产品或服务的可销售性越高,私人参与的可能性就越大。因此,对于不同的基础设施服务和产品,其私人参与的程度和方式也各不相同。世界银行在 1994 年选取竞争潜力、货物与服务特征、以使用费弥补成本的潜力和环境的外部因素四个指标,对不同类型的城市交通基础设施做出可销售性评价,最后给出可销售性的综合评估值,具体分类情况见表 6-3。

交通基础设施按照可销售性评估理论分类表 表 6-3

设 施	竞争潜力	货物与服务特征	使用费补偿成本潜力	环境外部因素	可销售性指数
道路与车站	低	会员	高	中	2.0
铁路运输	高	私人	高	中	2.6
城市公交	高	私人	高	中	2.4
敞开道路	低	共有	中	低	1.8

资料来源:作者整理。

在表 6-3 中,各种活动的可销售性从 1(最不易销售)到 3(最易销售)计分。最后一栏是前四项的平均值。从表中可以看出,城市交通基础设施的商业化和竞争程度远比人们通常认为的要广泛。例如,城市客运服务一旦脱离了其他相关活动,就可以由市场提供,其他如铁路运输等活动具有内在的垄断性,但可以遵从商业化原则和成本收回原则由私人提供。而城市道路从根本上说是公共基础设施,具有垄断性,是一种成本收回可能性不大的公共物品。

(二)交通基础设施分类依据及标准

交通的基础性,决定了交通基本公共服务的普遍性要求。交通供给产品的多样性和成本的差异性,决定了基本交通服务以外产品的可选择性消费特性。当然,对于基本交通服务的技术和质量水平的要求是随着经济发展水平和政府提供公共产品的能力增强而不断提高的,如通村公路从通路到油路(水泥路)到等级路,通乡公路从通路到三级路到二级路等。但无论是从政府提供公共产品的能力还是资源配置效率、社会公平的实际要求,提供普遍性基本服务的层次是有一定限度的,在交通实际需求与供给中,存在着差异性的交通服务,对于更高层次的交通需求,可以根据准公共产品和商业化的原则进行满足。

总体上,交通基础设施是支撑经济社会发展的社会性基础设施,是政府规划和决定修建的公共服务设施,具有公共服务和公共产品的属性特征,且在满足一定的条件下,均具有一定的可经营性。但是,属性的强弱有不同、可经营的条件不同、经营的预期收入水平不同,决定了不同的投资主体和投资政策。

因此,可根据交通基础设施项目在综合运输网络中的功能和服务性质、可进行经营的条件和营利预期,将其分类为公益性、准公益性、经营性项目。

公益类项目为满足基本交通需求,无收入现金流(如普通公路、航道等)或收入现金流很小、远不足以支付投资和经营的成本的项目(如国防铁路、扶贫开发铁路、边远地区支线机场等)。公益类项目体现的是完全的社会效益。

准公益类项目为提供交通公共服务,在技术特性和成本代价上具备经营条件(如高等级公路,设施专用性的运输方式),但预期的收入不足以支持收回全部投资或投资回报率太低的项目。

经营类项目为提供交通公共服务,具备经营条件且预期收入可以支持获得投资回报的项目,以及满足高层次交通运输需求和私人交通服务的项目(如商务机飞行、游艇码头等)。

第二节　不同类型项目的投资政策和主要投资主体

虽然政府对规划建设的交通基础设施负有供给责任，但对于不同类型项目可以采取不同的供给方式，分别由政府直接提供（免费或以准公共产品经营方式）、政府和企业合作以准公共产品经营方式提供、政府授权或委托企业以准公共产品经营方式提供；对于非基本交通服务的不同层次的交通需求可以采取准公共产品优质优价的收费标准，以收回全部成本或部分投资成本的方式实现滚动发展。由此，需要建立相应的分类投资制度，以适应这样的供给原则和发展模式。

（一）不同类型项目的投资政策和投资主体的确定

目前，包括公路、港口、铁路、机场等各种运输方式的基础设施建设与运营投资已向市场开放，社会投资者进入没有政策障碍，而且也取得了一定成效，但中央政府与地方政府仍是当前我国交通基础设施投资的主体。实际上，投资效益好的项目，政府并不愿意推向市场由社会投资者来投资建设和经营。政府投资效益好的项目主要是可以收回投资资金并取得效益，用于滚动发展和交叉补贴效益差的项目，尤其是需要一部分效益好的项目来支撑统贷统还的借款方式。投资效益不好的项目，社会投资在没有得到合理补偿的情况下不会进入。因此，除了公益性项目由政府投资之外，准公益性、经营性项目大部分也都是由政府为主进行投资建设，市场化程度远远不够，而且政府投资的重点和资金偏重效益好的项目，公益性质的项目投资比例低、投入资金严重不足。

我国经济发展已步入增长速度换挡期、结构调整阵痛期及前期刺激政策消化期，政府全面主导的投资模式面临高债务、流动性紧缩等问题，既有的政府性资金筹资渠道和筹资能力必然难以支撑高位的投资需求。因此，依据交通基础设施项目的分类，需进一步明确政府与市场的职能分工，充分发挥政府和市场各自的侧重作用以及互补性，提高资源配置与资金（特别是政府资金）的使用效率。

要充分发挥市场配置资源的决定性作用，从“政府全面主导”向“政府重点投资和引导，全面推进市场化”的方向转变，吸引社会资金更大规模地进入交通基础设施建设与运营投资领域。要进一步推进市场化，就必须根据政府经济性公共服务职能(提供公共产品和公共服务,维护市场秩序、确保公平竞争,实施宏观经济调节,支持社会保障制度、提供一般福利设施等)合理界定政府的投资范围和重点,明确不同类型项目的投资政策和主体,把能够由社会投资建设或创造一定条件能够吸引社会投资建设的项目,尽可能地利用和鼓励社会资金投资建设。既要满足综合运输网络建设需求,又要解决政府建设资金不足问题。

1.公益性项目

公益性项目具有非营利性和完全社会效益的特点,主要体现的是社会公平和重大的国家战略目的。政府具有提供基本公共服务和保护国家及人民生命财产安全的责任,理应是公益性项目的投资主体。

通过收费机制的建立,可以使部分公益性项目具备一定的可经营性。但公益性项目的基本属性决定了其收入现金流很小,远不足以支付投资和经营的成本(如国防铁路、扶贫开发铁路、边远地区支线机场等)。因此,政府更要侧重公益性项目投资和运营补偿机制的建立与完善,通过对盈利预期的制度性保障,鼓励和吸引由社会投资者进行投资、提供服务。一方面可以克服政府投资资金不足,加快交通网络建设完善和落后地区交通发展;另一方面可以引入市场竞争与管理机制,最大限度地提高政府资金的使用效率。

2.准公益性项目

准公益类项目是自身具备一定的经营性,但预期的收入不足以支持收回全部投资或投资回报率太低的项目,同样存在一定的市场配置失效的问题。因此,一直以来,政府是准公益性项目的主要投资主体。

但准公益性项目自身的可经营性使其具备吸引社会资金投资的先决条件,相比于公益性项目更易于吸引社会投资。政府应通过建立市场化社会资金投资环境和合理补偿制度,使社会资本能够收回全部投资并得到合理的回报,充分发挥政府的引导作用,最大限度地推进准公益性项目的市场化。事实上,在发达国家和有些发展中国家,越来越多的私营部门通过公私合作的形式投资、建设、管理甚至拥有基础设施。民间资本的参与将更有助于政府发展基础设施,利用民间资本弥补政府资源的不足。同时政府也可以利用私营部门的专业优势,提高基础设施项目的建设效率和运营质量。

3.经营性项目

经营类项目具备经营条件且预期收入可以支持获得投资回报,能够得到一定的效益，可以完全依靠吸纳社会资金的方式解决融资问题。对于此类项目，政府让出社会资本投资空间，可采用 BOT、TOT 等融资方式将项目推向市场，利用特许经营、投资补助、政府购买服务等方式吸引民间资本参与建设与运营，以市场为投资主体进行资源有效配置。

（二）中央政府和地方政府投资事权的划分

对于以政府为投资主体的公益性和部分准公益性项目，还需要进一步明确中央政府和地方政府的责任，合理划分中央政府与地方政府对不同类型项目的投资事权，科学界定政府投资的范围和资金重点投向。

目前除国家铁路和少数机场（首都机场、西藏机场）归属国家管理和负责建设以外，公路、港口、机场实行的是属地化管理和负责建设的制度。根据国务院 2004 年 7 月发布的《关于投资体制改革的决定》、2005 年 2 月发布的《关于鼓励支持和引导个体私营等非公有制经济发展的若干意见》、2010 年发布的《国务院关于鼓励和引导民间投资健康发展的若干意见》，结合交通管理体制和规划体系，以及各种运输方式建设基金的征收与使用管理办法，可以明确：

（1）中央政府的主要投资职责：负责国家规划的国家干线项目建设以及补助农村和落后地区交通基础设施建设（国债和专项资金）。国家干线铁路项目由中央政府出资人代表出资投资建设，地方政府配合和参与投资；国家公路、机场、重要港口和内河航道由属地省级政府负责投资建设，中央政府提供专项资金投资补助。

（2）省级政府的主要投资职责：负责本级政府规划的交通项目的投资建设，以及本区域列入国家规划的国家公路、机场、重要港口和内河航道的建设；参与本区域国家干线铁路项目的投资建设；负责本区域列入国家规划的主要为地方经济服务的城际铁路、支线铁路的投资建设；负责支持和补助农村交通基础设施建设。

第三节　不同类型项目的推进措施

（一）低盈利和亏损项目的市场化推进措施

对于大多数准公益性项目，低盈利和亏损或不可避免，政府应该提供灵活多样的补贴政策,使市场主体能够看到投资此类项目的可营利预期。

目前政府对交通基础设施投入补贴的方式主要有三种:一种是直接补贴方式,即政府直接给予投资企业一定的财政性资助;第二种是优惠扶持政策,政府不直接补贴给投资企业,而是采用差别定价、税收优惠等政策,给予扶持和优惠政策;第三种是资源性补贴方式,政府给予土地开发等非主营业务优惠政策,通过非主营业务的收入弥补主营业务的亏损。具体应用时,因根据实际情况,因地制宜,合理选择一种或多种补贴方式,使低盈利或亏损项目达到合理的盈利水平,推进准公益性项目市场化。

1.政府的直接补贴

由于交通基础设施项目产生的巨大社会效益,可以对部分低盈利和亏损项目进行财政补贴。"庇古津贴"理论可以解释政府对这些企业的补贴并不是养懒汉的低效率行为。政府对产生正外部性的产品生产提供补贴,能增加对社会有益产品的供给,是一种纠正市场机制失灵的行为。当然,具体补贴数额的确定也是一项很困难的工作,需要确定交通基础设施项目的"合理报酬"。

2.政府的间接补贴

政府对交通基础设施的间接补贴方式虽然不是现金的资助,但是确实为投资企业节省了运营成本,能够有效激励投资企业的积极性。间接补贴有很多种措施,主要是相关的扶持和优惠政策。不同城市政府在间接补贴方面采取的办法不尽相同,如财政贴息、税收返还、房产税减免、所得税优惠、在成本计提上不提折旧或少提折旧、土地使用税减免等优惠措施。

3.资源性补贴

资源性补贴是政府给予投资企业非主营业务的优惠政策,通过非主营业务的收入弥补主营业务的亏损。例如,在城际铁路、市郊铁路或综合交通枢纽建设的同时,利用其所提供的区位优势和良好的通达条件,对线路沿线及枢纽周边的土地进行商业开发,包括房地产、商业和娱乐等经营性项目的建设,取得土地的增值收益,实现交通基础设施正外部效应的内部化,充分体现线路沿线及综合交通枢纽周边土地资源的潜在价值,平衡建设成本,并补贴其运营亏损,同时也可以借助开发为后续良性运营带来大量稳定客流,从而最终解决项目建设资金与长期运营亏损的问题,实现可持续发展。

(二)市场投资响应不足情况下的项目推进措施

1.市场投资响应不足的主要原因

通过灵活多样的补贴政策可以有效推进低盈利和亏损性项目的实施,但对于高速铁路、干线铁路、跨海通道等国家重大交通基础设施项目,虽然在建成后有持续、稳定的现金流,但投资规模巨大、回报周期也相对较长,市场主体没有足够的资金独立承担,政策、市场等外部环境的不确定性因素增多,较大投资风险导致项目吸引力变低。因此,单纯依靠市场主体的作用,难以有效推进,即使提高补贴额度,也较少有市场主体能够单独甚至联合承担此类项目,进而导致市场投资响应不足的情况发生。这主要体现在以下三个方面。

一是缺少市场投资主体的响应。政府推出相关项目后,由于资金和风险等因素的影响,市场主体可能不会主动参与项目的投资。

二是市场主体要求政府提供的条件过高。为了规避项目风险,资本的逐利性可能会让市场主体对政府提出较高的保障条件,如较高的税负优惠、高昂的财政补贴等。

三是进程不能满足项目时间要求。从政府的角度而言,对于一些关于国计民生的重大项目,希望能够尽早实施,尽快投入使用,以便起到带动经济社会发展的作用。但市场主体的融资能力和建设周期可能难以满足相关大环境的要求。

2.市场投资响应不足的主要推进措施

市场投资响应不足时,应充分发挥政府的引导性作用,利用财政资金或国有大型企业的资金,通过产业投资基金或资产证券化等方式,发挥政府财政资金的杠杆效应,吸引社会资本直接或间接参与项目投资。

(1)交通产业基金

目前的产业投资主要有两类:一类是创业投资,也就是我们经常看到的风险投资,是一种以风险投资公司为代表的投资主体所关注的高风险、高回报的投资;另一类是产业投资机构一直密切关注的传统产业投资,其目标是风险性较小、收益稳定的基础设施建设等投资项目。交通产业基金应属于后者。交通建设从性质上是投资回收期长、收益稳定的基础产业,与市场资金的投资需求具有天然吻合性。通过注入财政性引导资金,依托国家及地方大型能源交通企业,设立中央及地方政府交通产业发展基金,能够吸引保险、社会等金融机构作为财务性投资者,同时创造投资条件,达到吸引中小投资者进入的目的。

(2)交通项目资产证券化

资产证券化最早出现在20世纪60年代末美国的住房抵押贷款市场,中国于20世纪90年代引入这一概念,并于2005年3月21日开始试点,现在已发展成为一种重要的融资工具。资产证券化是指将缺乏流动性但能够产生未来可预见稳定现金流的资产,通过一定的结构安排,对资产中的风险与收益要素进行分离与重组,进而转换为可在金融市场上销售或流通的证券的融资过程。

资产证券化的目的在于将缺乏流动性的资产提前变现,从而解决流动性不足的问题,实现滚动发展。按照"政府主导、多元化投资、市场化运作、滚动发展"原则,可由政府主导项目的投融资及建设,待项目建设完成以后,通过发行企业债券、资产证券化等方法,置换债务性融资,实现可持续发展。

(三)公益性项目的建设推进与政策

公益性项目是非营利性和完全社会效益的公共物品,其投资是非营利性的投资。它不能通过向受益者或使用者收费获得经营收入,故其建设资金以及建成以后的运行、维护费用主要来源于政府财政性资金和以政府财政信用为基础的融资。长期以来无论是西方发达国家还是发展中国家政府都责无旁贷地担负起公益性项目提供者的责任。

目前,公益性项目的资金主要以财政融资为主,市场融资所占比例很小,这种融资结构决定了公益性项目的建设、运营不是按照市场机制运作的,而是由政府投资、政府拥有、政府运作的公共事业发展模式。

以事业性为主体的发展模式,虽然在一定程度上有利于维护社会公平、防止私人垄断,但由于政府有限的财政资金难以满足公益性项目的巨大投资需要,导致供需矛盾加剧,严重影响社会福利水平的快速提高。此外,由于缺乏竞争激励机制,易导致运作效率低下、人员冗杂、创新不足、技术革新缓慢、腐败浪费等问题。

因此,公益性交通基础设施项目的建设与运营管理,同样也要改变政府全面主导的模式,鼓励和吸引社会资本参与投资,具体可考虑采用以下方式推进。

1.政府项目补偿费质押贷款方式

政府项目补偿费质押贷款方式是指在无未来现金流的情况下,政府代替公益性项目的所有使用者向项目建设单位承诺,在一定时期内以项目补偿费形式拨付财政性资金给项目建设单位,作为其项目收入,项目建设单位再以政府的项目补偿费作为质押担保向银行(包括政策性和商业性银行)申请贷款。其主要特点是:政府没有直接向银行贷款,也没有直接向银行提供贷款担保,没有违反有关国家法律规定,贷款的第一责任主体不是政府,而是项目建设单位。其适用条件包括:项目本身不具备收费条件或不产生未来现金流;项目是一种人人受益的公共工程,尤其是城市路桥等交通基础设施;以政府财政资金的拨付作为项目建设开发的收入。

2.以政府项目补偿费吸引民间主动投资方式

政府面向非政府投资主体,采用公开招标或磋商交易等方式确定项目投资主体,项目投资主体在政府授权的经营期限内建设、开发、管理或维护该公益性项目,获得政府拨付的财政资金作为项目报酬,当授权经营期限已满,将项目无偿转让给政府。项目投资主体是非政府投资主体,包括国有企业、股份公司、民营企业或外资企业等。项目投资主体不仅承担项目的投资,还承担项目的建设、开发、运营、管理和维护等。政府向非政府性的项目投资主体支付财政资金作为项目补偿费,必要时政府还得有部分政策优惠或支持,加大吸引民间资本主动投资的力度。

3.由财政资金牵头的发展基金模式

发展基金可由地方政府财政部门作为牵头人,以银行或非银行金融机构、民营企业和外资企业为原始发起人,股东可以是境内外所有自然人、法人和组织。基金形态为封闭式、契约型基金,用于所有公益性项目(没有收费机制)的开发、建设和维护。基金收益主要是地方政府为公共工程项目使用了基金而支付的基金使用费,它来源于特定税收项目、预算内资金、预算外专项建设资金、规费收入中的一种或多种的组合。

(执笔人:张广厚)

第七章 >>>

实施分类投资的制度保障

内容提要

实现我国交通基础设施的分类投资，要建立一些必要的制度，以保障政府和市场两只手同时发挥作用。一方面要界定政府投资规模和范围，确保政府发挥应有的引导或直接供给作用；另一方面要构建良好的市场环境，完善投资者权益保障制度，健全政府监督管理制度，充分发挥市场的作用，以确保社会资本所提供交通基础设施的质量、效率和公益性等。

我国交通运输基础设施长期以来被视为具有自然垄断性质的福利性产品。在这一理念指导下，交通基础设施基本都是由政府进行投资建设。改革开放后，形成了以中央政府和地方政府为主导、吸引社会各种资本和外资进入的多元化投资主体，大量利用银行贷款、发行股票和债券等融资渠道的投融资模式。基于不同类型的交通基础设施经济、技术、社会属性的不同，交通基础设施分类投资的实际应用越来越多。各地政府常根据具体情况，灵活采用不同的投融资模式，对分类投资进行了有益探索，但基本采取"一事一议"等灵活、迂回的形式，较少形成固定模式，尤其是缺少必要的制度保障。这就需要通过投融资制度的不断完善，促进投融资模式的转型，实现分类投资的规范化和高效化，最终保证交通基础设施投资规模的实现。实现交通基础设施分类投资的关键在于同时发挥政府和市场的作用，对政府的投资进行合理规范，同时调动更多的社会资本主动参与交通基础设施建设。

对政府投资的规范包括两个方面：一是界定政府的投资规模和范围，在考虑我国社会经济发展所处阶段,即政府的财力和社会经济发展对交通基础设施需要的同时,权衡社会对公平与效率的要求,从而在政府的投资能力范围内对需要政府投资的交通基础设施进行投资,没有能力投资的不能硬着头皮上;二是确保足够的政府资本在交通基础设施建设中发挥应有的引导或直接供给作用,建立资金来源保障制度,以必要的财力投入,完善对公益性、准公益性项目的投资与运营补偿制度,保证经济社会发展所需的交通运输基础设施供给。

对社会资本的引导,关键在于构建良好的市场环境,即创造契约化、社会化的投资和运营环境。一是要健全和完善投资者权益保障制度,使社会资本有动力进入交通基础设施建设,得到合理的投资回报;二是确保社会资本所提供交通基础设施的质量、效率和公益性等,具体地说,可通过市场化手段和规则建立监管和激励机制,并加快研究制订相关法规,从法规和机制上明晰政府与社会投资者的权利与义务,确保实施有效监管。

第一节　界定政府投资范围和防范过度信用融资制度

目前政府在交通基础设施建设上包揽了绝大多数的事权,但政府的财政能力是有限的,很多情况下依靠政府信用进行过度融资,形成了大规模的负债建设,造成债务风险增加。据国家审计署公布的《36 个地方政府本级政府性债务审计结果》,截至 2012 年底,36 个地方政府本级政府性债务余额 38475.81 亿元,其中银行贷款和发行债券分别占 78.07%和 12.06%。用于交通运输的债务支出增长最大,比 2010 年增加 3295.45 亿元,增长比率为 30.29%。未来需要建立对政府的投资范围进行合理规范和防范过度信用融资的管理制度。

(一)界定政府投资范围的管理制度

一是实行界定各级政府投资范围的制度。政府投资的范围是公益性和准公益性项目。在此范围内,再根据交通基础设施在路网中的性质、作用、主要服务范围等,按照中央和地方的事权进行划分。受益对象遍及全国的项目,或支出规模庞大、需要高技术才能完成的项目,或需要在行动上做到全国统一规划的项目,其支出责任属于中央政府;凡政府活动必须因地制宜,以本级政府财力为基础的,其支出责任属于地方政府。大部分交通基础设施投资项目是由中央政府和地方政府共同承担的,不同项目中央与地方财政分担比例有所不同,具体比例视项目的外部效应溢出及受益范围而定。

二是实行投资主体审核以及政府资金投向审核制度。在项目审批过程中,对投资主体进行审核。国有企业或者地方融资平台等资金来源为政府出资的投资主体,应按照政府投资审批程序进行审批。同时,应加强政府资金投向审核,进一步规范政府投资行为,确保各级政府资金投向对应投资范围内项目。

三是实行决策问责制。交通基础设施项目建设和运营中,政府投资方应始终坚持由独立的第三方审计机构跟踪审计资金的使用流向,确保政府资金投向应由政府负责的项目。在实施行政决策过程中,具体工作人员应承担因自身过错而应当承担的责任。

(二)防范过度信用融资的管理制度

即使在政府投资范围内的项目建设,也需要有相当比例地来源于银行贷款等信用融资的资金,因此还需要建立防范过度信用融资的管理制度。

一是对项目回收投资能力进行公正评估,减少政府对金融机构贷款的行政干预,将是否给予交通基础设施建设项目融资的决策权真正交给金融机构,避免以政府信用进行背书。

二是充实融资平台真实资产制度。目前很多地方融资平台经营业态单一,资产结构单一,缺乏实际经营现金流,因此其融资能力和担保作用受到限制。需要针对这个问题,建立相关管理制度,对融资平台资产充实提出要求,使其具有一定的优质经营性资产,并依托其自身资产,形成稳定现金流和收益。

三是明确贷款偿还和风险承担责任主体,并建立相应的责任追究制度。明确项目贷款偿还和风险承担责任主体,尤其要清晰界定中央与地方政府责任边界,避免地方政府出现盲目举债冲动。还要建立多层次的债务监管体制,使地方政府债务融资受到法律、政府行为规则、市场纪律的约束,在此基础上建立具体决策人员的责任追究制度。

第二节 建立资金来源保障和公益性补偿制度

在我国的交通基础设施投资中，公路、机场、港口以地方为主，除了中央以交通专项资金和少量的预算内资金以及国债投资以外，建设投资所需资金主要由地方政府筹措和向银行贷款。在铁路建设方面，虽然主要是以铁道部为主导和以“统贷统还”形式向银行贷款，但地方政府和地方企业也要承担相当部分的投资。国家干线，地方至少要承担沿线的征地拆迁费，约占总投资的10%~16%；其他线路，地方一般要承担30%~49%的资本金。而自1994年的分税制后，我国财政收入的分配格局是中央财政占大头、地方财政占小头，2011年地方财政收入才首次超过中央，且相差无几。2012年中央财政收入56133亿元，地方财政收入（本级）为61077亿元。未来需要建立政府财权与事权相匹配的资金来源保障制度，确保政府投资能力，在此基础上完善对公益性、准公益性项目的投资与运营补偿制度，从而保证此类项目的正常建设与运营。

（一）建立政府财权与事权相匹配的资金来源保障制度

应按照“事权与财权相匹配”原则，合理配置地方政府财力和事权，建立相应的政府资金来源保障制度，使地方政府具有与作为地方性公共投资主要承担者相匹配的财权和税收自主权。

1.增加交通基础设施建设专项资金

提高中央预算内资金的交通建设资金比例和规模，根据各地交通基础设施建设任务轻重的不同而确定中央对地方转移支付的比例，尤其是加大对中西部省（自治区、直辖市）的地方转移支付。同时，拓宽地方税收渠道，以扩大其可纳入交通基础设施建设基金的资金来源（如研究征收轮胎税、重车税等新税种，作为地方税，专项用于交通基础设施的建设发展）。

2.发行地方债券进行交通基础设施建设

建立透明规范的举债机制，以“规模适度、结构适当、使用合理”为前提，允许地方政府进行债务融资。必须确保债务规模合理，债务组合、债务资金用途适当，其中交通基础设施建设可以作为主要的债务资金用途之一。还要形成规范的偿债机制,我国地方政府举债进行交通基础设施建设,在以项目自身的收入偿还债务的同时,也应考虑通过地方财政收入或组织偿债基金进行偿债。

3.盘活既有交通基础设施资产

鼓励地方政府利用既有交通基础设施资产进行融资,获取资金进行再建设。可以采用的方式包括"融资租赁",或将既有良好资产注入地方融资平台等。

(二)建立和完善公益性、准公益性项目的投资与运营补偿制度

我国相当一部分的交通基础设施具有明显的公益性属性,包括铁路的公益性线路、农村公路等。公益性和准公益性的项目主要是政府出于政治、经济、军事、国防以及国土开发、消除地区差距等目的而兴修的交通基础设施项目。这些项目的收益难以弥补建设成本或运输成本,即使亏损也必须建设和维持运营。

政府对此类项目的建设补偿主要包括资本和土地。一是政府可将一定数量的资本赠予大型交通基础设施项目公司,或以资本入股,但仅当项目达到一定的盈利后才分红。二是政府可以提供包括土地信托、土地基金、土地置换和土地债券等多种方式的土地支持。

政府还需要对此类项目进行运营补偿。目前既有的运营补偿制度通常是采用交叉补贴方式,即由企业利用从某项业务经营运作中所获得的资源和利润来支持另一项业务的经营。而这种补贴方式扭曲了不同运输产品的相对价格,不能反映企业真实收入,使经营性亏损与公益性亏损界限模糊。因此,未来需要区分经营性运输与公益性运输,建立公益性运输、准公益性运输补贴制度,建立健全核算制度,形成合理的运营补偿制度。一是采用政府购买服务制度。政府与运输企业签订公益运输合同或协议,明确双方的权利和责任,企业提供公益性运输,将从政府获得公益性运输价格补偿。二是特许经营制度。由政府授权企业,允许其建立特许经营公司,在一定时期内享有交通基础设施建设和经营管理的特许权。经营期内,公司通过收取交通基础设施使用费回收投资并获取收益。经营期满后,交通基础设施收归国家。政府还可以允许项目公司同时获得其他营利性项目的特许经营权,以其他项目盈利弥补交通基础设施经营的亏损。

第三节　完善投资者权益保障制度

社会资本具有逐利性,即需要收回投资并取得一定的盈利,对交通基础设施投资的社会资本也不例外。因此,需要完善投资者权益保障制度,在保障市场竞争环境公平性和规范性的前提下,针对不同交通基础设施的经济属性,建立合理的价格机制,平衡投资者与使用者各自和彼此之间的利益。

(一)保障公平竞争市场环境制度

在宏观层面上,政府应构建能够推动政府职能转变、进一步深化与完善市场体系,从而促进多元化投资的制度环境,包括财政制度、金融制度、信用制度、相应的法律法规等。在微观层面上,应建立包括市场准入与退出制度、科学清算制度等,为社会资本进入交通基础设施建设领域提供平等机会,并确保其投资得到合理回报。同时,运输企业按“自主经营、独立核算、自负盈亏”的现代企业制度方式进行经营。

1.市场准入退出制度

目前,从政策层面看交通基础设施建设市场好像没有什么准入门槛,但从实际情况看各种各样的“玻璃门”、“弹簧门”比比皆是,导致交通建设资金中社会资金占比并不是特别高。要吸引更多的社会资本参与交通基础设施建设,就要确保社会资本进入的渠道畅通,且有退出的方式。社会资本进入交通基础设施建设投资领域可以采取的形式包括股权投资、债权投资和间接投资等,还应配备必要的市场退出制度。

2.科学清算制度

受交通基础设施的网络性影响,当运输企业进行运营时,可能需要经由多个投资主体提供的交通基础设施才能完成一次运输服务,这一问题在铁路系统中体现得较为明显。未来可在全国各种运输方式的系统内,设有专门、统一为运输企业之间,运输企业与基础设施提供者、设施设备提供公司等市场主体之间进行收入清算的中心,根据公认的清算规则和合理的清算制度,按照公正、公开、公平的原则开展清算业务，从而使各经营主体能够合理取得与其提供服务相对应的收入。

（二）改革完善价格管理和形成机制

根据市场变化自行调节的定价制度，一般以充分竞争的市场为前提，通过市场这只看不见的手进行调节，最终得到较为合理的定价。然而，交通运输业属于基础产业，其价格的变动将引起社会物价平均水平的连锁反应，甚至诱发通货膨胀，该行业又经常存在垄断性，同时过于残酷的业内竞争也对产业自身发展不利。因此，为了维持产业健康发展、稳定物价、维护公平竞争的市场秩序等，政府也可以对交通运输业的价格进行管制。

交通运输业的价格主要有交通基础设施使用的价格和交通运输服务的价格。在我国现状下，价格管理和形成制度的改革方向应根据具体情况不同采取不同的对策，逐步放松管制，发挥市场配置资源的决定性作用。

一是对交通基础设施使用的价格，政府仍然需要掌握定价的标准，例如对经营性收费公路桥梁的收费标准和收费年限，经营企业可根据物价上涨等非经营性因素影响提出调整意见，报政府审批。未来铁路基础设施的使用收费也应向此方向进行改革。

二是对交通运输服务的价格，未来公路、水运、航空运输服务主要应根据市场变化自行调节，铁路价格将由政府定价改为政府指导价，允许铁路企业在规定的范围内，根据市场供求关系和竞争情况自主确定价格。同时，逐步建立体现服务质量差异的价格体系。然而，在必要的细分市场内价格仍然应由政府加以管制，例如对铁路运输煤炭、粮食等货物的运价，政府仍然需要进行规制。

第四节　健全政府监督管理制度

由于交通基础设施建设投资量大，中间涉及环节多，延续周期长，国家应通过制定对资金运用和建设安全、质量等方面的监管和仲裁制度引导、监督、管理市场主体的经济行为，包括合作前的审查、建设中的监管、建成后的管理。但同时也应规范、约束政府监管机关的市场监管行为,从而达到保护消费主体利益、保障市场秩序的目的。尤其对资金运用的监管,由于政府并不直接参与项目的建设运营,因此有必要建立相应的监管制度对项目公司的资金使用情况进行监管。

(一)合作前审查——严格合作者的筛选

主要包括如下环节:

(1)审查合作者资质是否合格。选择有相关成功经验、人才储备充足、理念和技术过硬、实力较强、资质良好并拥有一定融资能力的主体作为政府的合作对象。对于不符合要求或是打擦边球的合作者坚决不予考虑,从源头上降低操作风险。

(2)审查合作者是否熟悉当地的情况,是否对本地政府的总体规划有深刻的了解,确保交通基础设施与其他设施的兼容并蓄,能够适应当地的特殊要求和条件,保证其建设和运营顺利进行。

(3)审查合作者项目投资比例。非公投资者出资比例应是政府选择合作者的考量因素之一。非公投资者愿意承担的出资比例一方面表达了其对投资项目的信心,投资越多,做好项目的动力越足;另一方面,非公投资者出资的多少直接决定了政府需要投入的资金份额比例。

(二)建设中监管——项目资金的封闭管理

在政府代表方和合作者签订合作合同后,待双方的自有资金得到落实后,由于政府并不直接参与项目的建设运营,全部由项目公司负责,因此政府有必要根据项目的进度和进展状况,分期按时向合资的项目公司注入资金,并对项目公司的资金使用情况进行监控,防止资金挪作他用。应针对交通基础设施建设合作项目设置唯一的资金监管专户,明确项目建设过程中的各个节点,根据工程进度和监理报告实施分笔提款;确保项目资金封闭运行与循环,防止本应投入到交通基础设施项目的建设资金外流。

(三)建成后管理——项目结束后的检查与审计

交通基础设施项目建设和后期的运营过程中,应由独立的第三方审计机构进行跟踪审计资金的使用流向和效率，以及项目建设的质量。当地政府应逐步建立合作者信用数据库，积极推进信息库的国内联网与共享，待信息库日渐完善之时，对那些有不良信用记录、建设运营能力欠佳、资金使用违规等问题的合作者，降低其信用等级，在其他项目的合作上要对信用评级差的合作者采用更严格的审核准入制度。

（执笔人：宿凤鸣）